JN023755

わかりあえる
経営力
＝
異文化
マネジメント
を学ぶ

上田和勇・小林　守・田畠真弓・池部　亮 ［編著］

同文舘出版

はしがき

　新型コロナウイルスは私たちの生活や行動，そして企業行動について，多くの意識変化を促しています。個人レベルでは安全や安心の有り難さ，人と人とのコミュニケーションの大切さ，家族の大切さなど基本的な側面を再認識させてくれたのではないでしょうか。企業レベルでは With/After コロナの環境変化の中で，国際協調を踏まえた新たなグローバル化，レジリエントなサプライチエーンの構築，online のみならず対面によるコミュニケーション力の向上などが求められています。

　新型コロナウイルスはグローバル化にブレーキをかけていますが，With/After コロナを見据えたグローバル化を再構築していくことが重要です。こうしたなかで，今後の経営問題を考えると，異文化理解の問題はやはり重要となります。新たなグローバル化の進展とともに，企業理念実現に向け外国人社員とビジネスパートナーとしてどう同調していき，幸福な職場にしていくかが問われています。

　本書『わかり合える経営力＝異文化マネジメントを学ぶ』はそこに焦点を当て，With/After コロナの環境変化の中で多様なアジアの異文化理解を通じた経営問題を「異文化マネジメント」として検討しています。

　本書の執筆は学者4人と実務家5人によるものです。執筆者紹介を見るとわかるように，4名の学者はいずれも実務経験，留学経験それに留学生への教育経験を有しています。また実務家は皆，アジアの各国での生活経験，ビジネス経験，留学経験などを有しており，異文化理解の面でのエキスパートといってもいいでしょう。

　本書は学者4名による5章と実務家による Topics と2つの実務家レポートで構成されています。

　第1章「異文化の幸福経営」では異文化の理解不足に損失の事例を検討するとともに，見えない異文化をモデルで検討し，可視化すること，異文化の

理解とともに職場での幸福感の醸成に関する理論を検討しています。企業や経営者にとって異文化理解は最終目標ではなく，働く現場での幸福感の醸成と社員のモチベーションの向上，そしてそれらによる生産性の向上について，具体的に検討しています。

第2章「企業家アンケートに見る異文化リスクマネジメントの課題―ベトナム」はベトナムの国民的特性を一般モデルとベトナム進出の日系企業家によるアンケート調査結果とを比較検討しています。その結果，両者にかなり相似した結果が出ています。その結果を踏まえ，日系企業のベトナムにおけるマネジメントの方向性を示しています。

第3章「アジアのビジネス文化と日系企業」はインド，香港とマカオ，台湾，韓国，中国のビジネス文化と次の諸テーマについて検討しています。インドのビジネス文化の歴史的背景，香港とマカオではビジネス文化と事業承継問題，台湾ではビジネス文化と企業の発展，韓国では財閥のビジネス思考と財閥化の問題，中国ではビジネス文化と政治の影響などの検討です。

第4章「人材活用の異文化マネジメント」では，台湾，韓国，日本の高度人材が文化や社会構造そして労働慣行の違いを乗り越えて，東アジアでの海外就業を行うに至った背景，その方法などについて検討しています。

第5章「取引コストと異文化―信頼社会と安心社会」では，売り手と買い手との取引コストの根底に「信頼」があり，グローバル取引になればなるほど，この信頼感の構築能力が必要になるということを主張し検討しています。異質性や多様性のある社会やそうした中でのビジネスが展開されているなかで，異文化理解を通して自他の比較考察をし，その根底には信頼感の構築がある点を強調しています。

本書には学者によるcolumnが各章に計6つあります。いずれも現地による経験をもとに書かれたもので，そのポイントは次のようになっています。「社員を大切にしているベトナムのオフィスの例」，「財閥の継承問題のマカオの例」，「人材採用基準の異文化ギャップの台湾・香港の例」，「ベトナムの

人間関係」，「不信社会の処世術」，「ベトナムの伝統的市場」。

Topics では「ベトナムにおけるビジネス文化の特徴」や「香港の価値観，習慣の理解の一つとしての風水と経営判断」，「カンボジアでの起業」などが紹介されています。

実務家レポートでは異文化を融合する経営発想で成長を目指すことの重要性や中国ビジネス体験記が実務家により紹介されています。

異文化理解はビジネス分野だけの問題ではありません。読者の皆さんはそれぞれの立場で相手を理解することが自分を理解してくれることの有効な道であることを知り，そのことが職場でも個人生活でも幸せになり，生産性やモチベーションを上げる道につながるということを知っていただければ編著者としてうれしく思います。

最後に，刊行にあたり同文舘出版株式会社の青柳裕之氏，大関温子氏にお世話になりました。ここに心より感謝の意を表したいと思います。

編著者代表
専修大学名誉教授
上田和勇

目　次

第2章 企業家アンケートに見る異文化リスクマネジメントの課題──ベトナム

実務家レポート

第 1 章

異文化の幸福経営

本章で学ぶこと🖋

　グローバル化が進んでいる現代，日本企業は外国市場では勿論のこと，国内市場においても経営のあらゆる面で外国人労働者との協力さらには会社全体での意思疎通が必要です。こうした経営環境下，企業は異なる考え方，価値観，習慣など（ここではそれらを総称して culture ＝文化と捉えます）を有している社員や流通関係者そして顧客を理解しつつ，企業目標達成に向け，持続的な経営を志向していかなければなりません。

　本章ではこうした経営環境下で，外国人労働者を採用している企業にウエイトを置いて，そうした人々の価値観，習慣などを含む文化的特性を理解しつつ，職場でのモチベーションや幸福感，そして生産性をも向上させる思考と方法論について学んでいきます。具体的には以下の諸点から，この問題を検討します。

　①異文化理解の重要性
　②異文化の評価方法
　③幸福経営のための理論
　④幸福経営のマネジメント・プロセス

🔍 **キーワード**

- グローバル企業
- ビジネス・カルチャー
- 異文化リスク
- 異文化リスクのマネジメント・プロセス
- フロー理論
- 心理的安全

はじめに

　グローバル化の進展に伴い，日本の海外進出企業は日本国内の競合企業からのプレッシャーだけでなく，進出国での競争企業やその他の利害関係者からも様々な競争上のプレッシャーを受けます。プレッシャーの源泉の一つが進出国の文化（以下，culture）の影響です。進出国の culture が社員の仕事ぶり，ビジネスの進め方，行動パターン，生産性に影響を与えるとともに，商品の購買行動にも，また企業倫理問題（不正や不祥事）にも影響を与えます。

　また近年，日本国内における外国人労働者の雇用機会が著しく増大しており，2019 年では計 165 万人以上の人が国内で働いています。彼ら（彼女ら）の仕事に対する価値観やニーズなど，特に**ビジネス上の culture** に関わる要因を理解しないと職場で様々な問題が生じ，そのことで最終顧客にも当該企業にも悪影響（損失の可能性，つまりリスク）が生じます。逆に，他国の culture を理解し適切な対応をすれば多くの側面でチャンスをひろげることにもなります。

　こうした国内での外国人労働者が増加している状況の中で，ジェトロの調査では**図表 1-1** にあるように，外国人採用・雇用の課題として「日本人社員とのコミュニケーション」，「組織のビジョンの共有」，「外国人の処遇」などに関する，日本人経営者と外国人労働者との間のコミュニケーション・ギャップの問題が上位に位置しています。

　こうした企業内のコミュニケーション・ギャップの多くは，相手国の規制や法律などの目に見える要因よりも，本質的に相手側（利害関係者特に社員）の価値観，文化，ビジネス慣習などの目に見えない異文化の理解不足からきていることが多く，人的資源管理の面からも企業経営に重大な問題を招くことが多いのです。

図表 1-1　外国人社員採用・雇用の課題（全体，時系列）

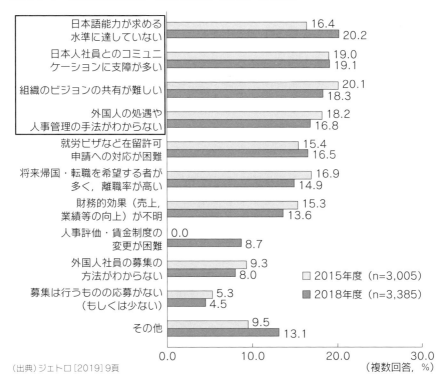

（日本語能力が求める水準に達していない）16.4 / 20.2
（日本人社員とのコミュニケーションに支障が多い）19.0 / 19.1
（組織のビジョンの共有が難しい）20.1 / 18.3
（外国人の処遇や人事管理の手法がわからない）18.2 / 16.8
（就労ビザなど在留許可申請への対応が困難）15.4 / 16.5
（将来帰国・転職を希望する者が多く，離職率が高い）16.9 / 14.9
（財務的効果（売上，業績等の向上）が不明）15.3 / 13.6
（人事評価・賃金制度の変更が困難）0.0 / 8.7
（外国人社員の募集の方法がわからない）9.3 / 8.0
（募集は行うものの応募がない（もしくは少ない））5.3 / 4.5
（その他）9.5 / 13.1

□ 2015年度（n=3,005）
■ 2018年度（n=3,385）

（出典）ジェトロ［2019］9頁　　　　　　　　　（複数回答，%）

　経営者は，国内はもとより海外においても，ビジネス遂行にあたり，影響を受ける宗教，法律，規制，社会制度，信仰，儀礼，社会的習慣，マナー，規範感覚，価値観などの諸要因を考慮する必要があり，こうした**ビジネスculture**にかかるリスクを最小化しつつ，異文化理解を通したチャンスを生み出すことが重要となります。

Ⅰ 異文化のビジネスculture理解の重要性

　企業経営の典型的な成功指標として，売り上げ，収益，マーケット・シェアなどの量的指標があります。こうした指標を中心に企業成果を見ることを優先させると，それらを生み出す現場での社員や様々な利害関係者の意見や経験の共有がおろそかになる可能性が高まります。その結果，先の**図表 1 - 1** にあるような経営者と社員との仕事面でのニーズ，経営理念の共有などを中心とする社内コミュニケーション不足を生む原因となります。

　こうした短期的視点で経営成果を見る経営姿勢は国内マーケットにおいても，また海外マーケットにおいても経営者と社員間のコミュニケーション・ギャップの問題を生むことにつながります。重要な視点は，経営者が現場で働く社員すなわち人的資源に目を向け，本業を通じて社員をはじめとした利害関係者の幸福感を醸成するという中・長期的視点なのです。

　すなわち，最初に経営者から一番近い社員との仕事面でのニーズ，労働観，経営理念の共有などを中心とする社内コミュニケーションから始まり，各国ターゲットのニーズ，商品との関係性，価値観などの把握，その後，戦略の展開となるのが望ましいといえます。こうした現場で働く社員に的を絞った指標を大切にする企業は中・長期的な成長路線に入っていき，持続的成長が可能となります。

　企業経営者は往々にしてこの順番を間違えます。つまり最初に考慮すべき社員との様々な局面での共有，つまりコミュニケーションが欠落しており，結果として社員の退社，時には労働ストライキ，ターゲットのニーズ把握の誤りなどのリスクを生じさせます。特に新興諸国のマーケットに進出する場合，経営者はこの種の過ちを犯すことが多いようです。

　その主な原因は，上記のような社内コミュニケーション不足であり，その源は相手国社員のマクロ的な国民特性や価値観，そして社員個々人のミクロ

的な個性の把握不足からです。言い換えれば，ビジネスにおける異文化要因の理解不足といえます。異文化要因の理解不足からくる損失の事例を次に示してみましょう。

II｜異文化への配慮不足による損失と成功の事例

1. 店舗レイアウトと消費慣習とのギャップによる評判リスクの発生──吉野家の事例

　ビジネス culture を構成する一つの要因に，顧客の消費慣習があり，この消費慣習に影響を与える要素の一つに店舗レイアウトがあります。この事例は，海外進出時の店舗レイアウトと顧客の**消費慣習**とのギャップが**評判リスク**を生じさせた例です。1899年日本橋の魚市場からスタートした吉野家は1958年から牛丼をメインとする会社として再スタートしました。現在の「うまい，やすい，はやい」が重要な同社の価値観であり企業理念でもあります。海外の店舗は2018年には817店舗を数えており，アジアには九つの国に進出しています。日本での店舗レイアウトはいうまでもなくカウンターによるサービスです。1988年に台湾に吉野家の1号店が開店した際，日本と同様のカウンター方式でしたが，台湾の消費者のカウンターへの評価は厳しいものがあったのです。

　外食では家族やグループでにぎやかにテーブルを囲むのが台湾をはじめ華人の常識だったため，家族がカウンターに並んで食事をすることに大きな抵抗を示したのです。現在は，台湾の店舗ではカウンターは廃止されており，2018年3月上旬に筆者が台北の吉野家に行った際は，全てテーブル席でした。カウンターによるサービスは日本独自のスタイルであり，台湾だけでなく他のアジア諸国や，アメリカでも同様にカウンターへの評判は悪かったの

です。

2. 台湾における食文化と日本の駅弁との融合化 ──崎陽軒の事例[1]

(1) 崎陽軒の歴史と概要

崎陽軒はシウマイ, 弁当を中心にお菓子, 肉まんなどの商品を販売していますが, その歴史は古く1908年の創業以来, 約114年の歴史を有しています。同社のホームページによると, 崎陽軒のシウマイは1928年の発売以来, 「変わらぬレシピで, 冷めてもおいしい」というコンセプトで販売されてきています。

1954年には「横浜ならではの駅弁をつくりたい」という思いから, シウマイ弁当が登場。崎陽軒の「冷めてもおいしい」へのこだわりがこのお弁当にも継承されています。

商品全体の年間売り上げは約180億円, 従業員数1,840名(2022年1月末時点)であり, 経営理念は「崎陽軒はナショナルブランドをめざしません。真に優れた『ローカルブランド』をめざします」というものです。崎陽軒は自らローカルブランドをめざすことを標榜しています。ローカルに徹して商品性を追求していくことで, 全国で通用するナショナルブランドになり得るという考え方です。

ところが, 2020年8月台北に進出, 海外第1号店を台北にオープンさせることにしたのです。事前に2018年と19年に台北での催事に出店し, そこでシウマイ弁当を販売。その際に冷めたものを好まないという台湾人の食に対する嗜好などをヒアリングし, 台湾出店にあたってはご飯とシウマイを温かい状態で提供することにしました。

---

1 この事例は下記資料他を参考にしている。『日本経済新聞』2020年7月27日；東洋経済オンライン, 2020年9月13日, https://toyokeizai.net/articles/-/372926。

（2）なぜ，台湾に進出したのか

　横浜の人口減少の中，インバウンドに弱いことから，崎陽軒は海外に打って出る戦略に転換しました。台湾は日本文化や駅弁になじみが深いとして，中華圏への進出の足がかりと位置づけたのです。しかし，かねてからの同社の「冷めてもおいしい」,「ローカルブランドをめざす」という考え方との矛盾はないのでしょうか。この点については後述します。

（3）味，食文化などの面での異文化にどう適合したのか

　前述したように，2018年と19年の催事におけるリサーチで，日台の**食文化**の違いを認識した点があります。台湾には「台鐵便當」という駅弁があります。台北駅の他，地方の大きな駅で販売され，市内にはショップもあれば，最近では大手により弁当のコンビニ展開も始まりました。しかも，これらの弁当は台北駅の建物内に弁当を作る場所があり，温かい状態で客に提供されています。駅弁だけではありません。台湾の学校は給食完備ではなく，学校によっては毎日，親がお昼時にできたばかりの弁当を届けるところもあります。持参してきた生徒の弁当は，クラスごとにコンテナで温められます。このように，台湾の弁当文化は日本とは相当異なります。そこで崎陽軒は同じ弁当文化でも**食習慣・食文化**の違いを反映させ，ご飯とシウマイを温かい状態で提供することにしたのです。

　なお，もう一つの**食文化**の違いはシュウマイやおかずの弁当の盛り方の違いです。日本ではシュウマイ弁当は幕の内弁当の形ですが，台湾ではいわゆる基本的にはご飯の上におかずが載った丼物的なスタイルです。

（4）ビジョン・理念との関係は

　「冷めてもおいしい」を標榜する同社では，弁当を温かくして出すことについては「買った状態では温かく，冷めてもおいしいという点をPRしていきたい」といいます。そういう意味では「ローカルブランドをめざす」とい

うビジョンも進出国の食習慣に柔軟に適合させているといえます。

（5）その後の状況

　台北駅の店舗は「幸先のよい滑り出し」といい，想定を上回る売れ行きを示したといわれています。オープン直後から店舗前には列ができ，オープンから約1か月が経った9月頃でも，店頭にはシウマイ弁当などを求める人が列をなしていたようです。

3. 進出国の好ましくない商慣習（倫理リスク）に巻き込まれ損失に至った例──日本交通技術の事例

　鉄道コンサルタント会社「日本交通技術」（JTC）は，鉄道事業の受注に関し，インドネシア，ベトナム，ウズベキスタンの政府高官ら13人に対し，2009年から2014年の間に，総額約1億6000万円の不正なリベート（賄賂）の提供を行い，不正競争防止法違反に問われました。例えば，ベトナムでは，ハノイ市都市鉄道建設事業にあたり，コンサルタント業務の契約をベトナム鉄道公社と締結する際に（受注額約42億円），同公社の職員が6000万円のリベートを日本交通技術国際部次長に要求。契約内容の変更などを理由にリベートの増額を求められ，最終的には計6600万円を支払ったのです。

　さらにインドネシアでは約2600万円，ウズベキスタンでは約7100万円の不正なリベートを政府高官に供与しました。

　同社の業績悪化の中で受注を受けるために，相手国で当然視されているリベートを提供した事例ですが，相手国の**ビジネス慣習**の中にはこうした不適切なものもあり，最終的には同社は不正競争防止法違反に問われたのです。

4. 現地の賃金水準や福利厚生（特に食事）への対応の不満からストライキへ──ベトナムでのストライキの例

　ベトナムでは争議行為，とりわけ違法なストライキが多い国であり，その大半が日系企業を含めた外国企業に対するストライキです。労働法では，労使間の団体交渉・協議で合意に至らなかった場合に限ってストライキを起こすことが認められていますが，こうした手続きが煩雑であるため，ベトナムのストライキは突発的に発生する違法なものがほとんどです。

　近年のストライキ件数は**図表1-2**の通りです。外資系企業での発生が全体の79.3％であり，ほとんどが違法ストライキです。

　2006年ハノイでの日系企業では約1万人の大規模ストライキが発生していますし，2012年6月にはベトナム日系商社の工業団地で，数千人の大規模ストライキが発生しています。ストライキの原因は①賃金，賞与，手当の改善要求とともに，休暇の増加，昼寝の問題，そして食事の質や量に関する要求などです。同じ工業団地内の他の会社の方が食事の量が一品多い，味がおいしいといった理由や，食事に十分火が通っていないという理由で，ストライ

図表1-2　ベトナムにおける労働ストライキ発生件数

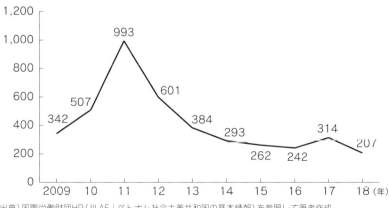

（出典）国際労働財団HP（JILAF｜ベトナム社会主義共和国の基本情報）を参照して筆者作成。

キが簡単に発生しています。また，昼食費の支給増額を求めるストライキも発生しています。特に昼食を中心とした食事の充実は非常に重要であり，より食事に配慮した企業へ転職することもあります。このように**食文化や食習慣**などの違いがストライキの引き金となるケースが多く，こうした側面での異文化リスクに関する要因にも考慮する必要があります。

　以上の事例は**ビジネス culture** に関するその国独自の慣習や習慣への把握不足が日本企業に損失を招いた事例およびその反対の成功事例ですが，進出企業側からすればこうした特性を進出前に国民特性の視点から把握しておくことが重要です。なぜならば国民特性がその国の購買習慣やビジネス慣習，ビジネス面での様々な振る舞いに大いに影響を与えていると考えられるからです。

　進出企業のマネージャーや本社サイドでは進出国のビジネス culture を含む国民特性を広く理解・評価し，それに適応できる人事管理や戦略を打っていくことが重要です。そのためには，目には見えないけれどもその国の人や価値観のベースになっている culture を，いくつかの尺度で評価することが必要になります。

Ⅲ 異文化の評価方法
──ホフステード (Hofstede) の国民的文化特性に関するモデル

　進出企業の経営者や社員が進出国のビジネスに関わる culture を理解することの重要性はある程度，わかったとしても，肝心なのは異文化をどう評価し，異文化と企業および経営ビジョン，異文化と経営戦略とをどのように結びつけ，どのように外国人社員のモチベーション向上に結びつけるかです。この点については次節で検討することにして，ここではまず目に見えない異文化を，特にマクロ的国民特性の視点からどのように評価・測定するのかと

いう点について検討します。

ホフステード（Geert Hofstede）はオランダの文化人類学者ですが，1967年から116,000人のIBMの社員を対象に，72か国20言語で国別価値観を調査し，世界で初めて国別の文化の違いを分類しスコア化しました。その後も精力的に，1990年代～2000年代にかけてはIBMの研究を継続的に他機関に応用し，追調査を行い，2014年にはミンコフによる世界価値観調査の研究をベースに，現在の6次元モデルを作り上げています。

1. 6次元モデルの概要

ホフステードは社会における**国民的文化特性**を理解しようとするモデルを次の六つの視点から，**6次元モデル**としてマクロ的に紹介しています（次に筆者がそのポイントを示しています）。

① **権力格差**の大小（上下関係の強さや距離をどれだけ受け入れるか）
② **個人主義**の強さ・**集団主義**の強さ（個人の利益尊重かそれとも集団の利益やニーズを尊重するのか）
③ **男性的文化**かそれとも**女性的文化**が強いのか（業績や社会的成功に重きを置くのか，弱者支援や生活の質重視かどうか）
④ **不確実性の回避心**（高いか低いか）
⑤ **長期志向か短期志向か**
⑥ **人生の楽しみ方**（希望に対して充足的でポジティブか，それとも抑制的でネガティブか）

上の6次元でのモデルをもう少しビジネス・シーンに置き換えて説明したのが，**図表1-3**です。

見えない国民的文化特性を六つの尺度で分析し，見える化しようとするのは興味深い分析ですし，いくつかの長所はありますが，同時に批判もあります。

図表 1-3　ホフステードの国民的文化特性に関するモデル

①権力格差の大小	・権力格差が大きい場合，部下は上司が家父長的な頼りがいのある人であることを望む。 ・権力格差が小さい場合，上司と部下の距離は近く，役職の高低差にかかわらず，平等・公平であることを望む傾向がある。
②個人主義・集団主義	個人の意見を重視するか，集団の意見を重視するかの傾向をいう。 ・個人主義では個人の意見を尊重し，自尊心の損失を罪であると捉え，明白なコミュニケーションを好む。 ・集団主義では調和を重んじ，暗黙のコミュニケーションが多く，職務より人間関係重視，メンツを失うことを恥と捉える傾向にある。
③男性的文化・女性的文化	・男性的文化が強い社会では，成功と称賛に価値を置く，業績重視，家庭より仕事重視。 ・一方，女性的文化が強い社会では，生活の質重視。仕事より家庭に重きを置く傾向。
④不確実性の回避心	不確実な出来事に対する態度の違いと関係している。 ・不確実性の回避心が高い傾向のある文化では，それを避けるために規則，構造を重視，曖昧な状況を嫌い，ストレスが多い。リスクをとらない傾向があり，トップは日々のオペレーションを気にする。 ・不確実性の回避心が低い文化では規則は少なめで，リラックス，リスクをとることに大きな抵抗を示さない。新しい手法を奨励。
⑤長期・短期志向	長期的利益か短期の財務を重視するかの違いと関係している。
⑥人生の楽しみ方	希望や望みに対して充足的か，抑制的かの違いと関係している。 ・充足的文化では楽観主義でポジティブ思考奨励，道徳的規範が少ない。 ・抑制的文化では悲観主義的で，道徳的規範が多く，謹直で厳格な態度が信用される。

（出典）岩井・岩井訳［2013］（Hofstede et al.［2010］）；宮森・宮林［2019］を参考に筆者作成

◆6次元モデルの長所

- シンプルであり，複雑でないこと
- 文化をステレオタイプ化し，文化の国際比較を可能にしたこと
- 統計的に説明したこと

◆6次元モデルの短所

- 国民的文化特性を単純な統計的な視点に変えて分析している
- 分断（解）による誤り（分析を6次元に分けた点）
- 複雑なものを単純化しすぎている

このモデルに関しては，こうした批判はあるものの，ホフステードによる分析を4か国のカルチャー比較として，レーダー・チャートにしてみると

図表 1-4　4か国の異文化評価マップ

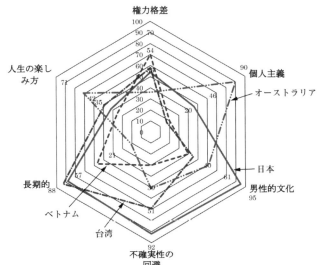

（出典）「ホフステードの6次元モデル」Hofstede Insights Japanを参考に筆者がグラフ化

（図表1-4），4か国（日本，ベトナム，台湾，オーストラリア）の国民的文化特性の差が明確にわかり，企業にとっては外国人社員の意識や態度を理解する際の参考の一つになるのではないでしょうか。

2. 6次元モデルによる国民文化の4か国 （日本，ベトナム，台湾，オーストラリア）の特徴比較

a. 最も大きな差は，日本（実線）の不確実性への回避心が他国に比べ非常に高く，男性的文化が強く，また長期的志向が台湾とともに高い点です。

b. ベトナム（点線）は権力格差が4か国中，最も高く，男性的文化が弱く（女性的文化が強い），また不確実性への回避心も低い。

c. ベトナムと台湾（一点鎖線）は不確実性の回避心と長期的かどうかという点で違いがある（台湾の不確実性への回避心はベトナムよりも強く，日本よりは弱い。長期的かどうかという点でも台湾はベトナムよりも長期性がある）。

d. 西欧文化の特徴を持つオーストラリア（2点鎖線）は4か国中，個人主義が最も強く，また人生の楽しみ方の面で希望や望みに対して充足的志向が最も強い。

ホフステードの国民の文化特性に関するモデルが，実際に海外に進出している日系企業のスタッフが感じている異文化と比較して，どの程度，妥当するのかについては本書の第2章で検討します。

Ⅳ 幸福経営に関する調査と理論

　企業の目標は異文化理解を通じて，そこで働く社員の満足度やモチベーションが高く維持されるとともに（したがって職場での幸福感も高く維持され），本業での商品やサービスが現地消費者にも取り入れられている状態を作ることです。その結果，消費者の当該企業や商品への顧客満足度が高まり，売り上げやマーケット・シェアが高まることになります。

　ところで，人の幸福感，特に社員の幸福感という問題に関しては，「社員の働く職場での幸福感は人それぞれ違うので曖昧だ」「売り上げさえ上げればいいんだ」「職場での幸福感は人生の幸福感と関係がない」といった考え方をしている経営者や上司がいるのではないでしょうか。しかし次のような調査結果は，**職場での幸福感**が本人は勿論，企業にとっても非常に重要であることを示してくれています。

1. 人生の幸福を決定する最重要要素は何か：仕事面での幸福の重要性

　1950年代から行われているギャラップ調査では，「人生の幸福を左右する最も大きな要因は何か」について，150か国を対象に人の幸福に関する調査を60年以上前から探求し続け，世界人口の98％以上のデータを得ました。その結果，人生の幸福を決定する重要要素として下記の五つの要素がわかったとしています。①仕事への情熱（仕事面での幸福），②良い人間関係，③経済的安定，④心身ともに健康，⑤地域社会への貢献（**図表1-5**参照）。さらに，この調査結果でわかったことは次の通りです。

- 人生の幸福を決定する重要要素五つの中で最重要で根幹をなすものとして「①仕事への情熱（**仕事面での幸福**）」がある。

図表 1-5　人生の幸福を決定する最重要要素：仕事への情熱（仕事面での幸福）

（出典）ラス・ハーター [2011] を参考に筆者作成

- **仕事面での幸福度**が低いと，それがストレスとなって，結果的に健康を損ない，やがては他の四つの要素も（②良い人間関係，③経済的安定，④心身ともに健康，⑤地域社会への貢献）悪化させてしまう。

　上記の調査結果が示すことは，**仕事面での幸福**が人生の幸福を規定する最重要要素であるということです。極端な表現をすれば心身面での健康にやや問題があっても，職場での充実，やりがい等での幸福感が人の幸福度を決める重要な要因になり得るということです。したがって，職場での社員の働きがいやモチベーションをいかに高めるかにより，**幸福経営**の効果が左右されるといえます。経営者としては社員にとり働きがいのある職場にすることと同時に，生産性も高めたいという願いがあるはずです。では，どうすれば社員の幸福感に結びつくビジネスでの働きがいと生産性を同時に向上させることができるのでしょうか。

2. 幸福感の向上と生産性等の企業の　パフォーマンス向上に関する知見

　ここではこの面について，これまでの研究者による研究成果の一部を紹介

します。詳細は別の機会に触れたいと思いますが，その結果だけを見ても，社員の幸福感とビジネス上のパフォーマンス（生産性他の指標）との間には相関関係があるということが予測できます。

① **主観的幸福度**の高い人はそうでない人に比べて創造性は3倍，生産性は31％，売り上げは37％高い傾向にある（アメリカの心理学者エド・ディナー）

② 幸せな社員は，不幸せな社員より生産性が1.3倍高い（アメリカの心理学者ソニア・リュボミアスキー）

③ 非地位財（愛情，自由，健康など）の方が地位財（お金，地位，モノなど）に比べ，満足が長続きする（イギリスの心理学者ダニエル・ネトル）

④ **感情的幸福**は年収約825万円までは収入に比例して増大する（アメリカの行動経済学者ダニエル・カーネマン）

⑤ 幸せの共通4因子：a. 自己実現意欲（夢，目標），b. 感謝の心，c. 前向きと楽観，d. 自分らしさ（前野隆司による因子分析[2]）

⑥ 経済的あるいは健康面で恵まれている人ほど主観的幸福感が高いが，経済的に苦しい人や，健康状態が良好ではない人でも，家族や友人など人と食事をする機会がある場合や，話し相手がいたりする場合には，経済的に余裕がある人や健康状態が良好な人よりも主観的幸福感が高くなる。（『JRIレビュー[3]』）

⑦ 幸福感の高い社員の生産性は営業成績37％アップ，創造性3倍，生産性は平均で31％アップした（*Diamond Harvard Business Review*[4]）

⑧ 従業員の就業時の感情（幸福，怒り，リラックス，悲しみ）が労働生

---

2 上記の事項は主に https://note.com/startupm/n/n7f595318c8c7〔2021年8月19日閲覧〕および前野氏の見解参照。

3 『JRIレビュー』「主観的幸福感と交流に着目した高齢者の介護予防の方向性」2019年第7巻第68号，61頁。

4 *Diamond Harvard Business Review*「幸福の戦略」2012年5月号，62-63頁。

産性にどのように結びついているかを小規模な実験で解明。結果として，労働者の幸福感が労働生産性を高めていることが明らかとなった。また，その他の感情は生産性に有意な影響はなかった。このことから，雇用主は従業員が幸福と感じる職就業環境の改善が組織の利益にもつながる可能性が示された（広島大学大学院社会科学研究科の角谷快彦教授らの研究グループは，ラオス人民民主共和国の単純作業を行う工場での実験により，従業員の勤務中の幸福感と従業員の労働生産性との関係を分析した[5]）。

3. どうすれば社員の幸福感とビジネスでの働きがいと生産性を向上できるのか

　経営学，特に経営哲学で有名な**ドラッカー**（Peter F. Drucker）は会社の本質について，次のような趣旨のことを述べています。「会社とは社会の問題に貢献する存在，利益ではなく人間を幸せにするために存在する。」またドラッカーは，働きがいとは，責任ある仕事を遂行することであり，そのためには真に必要な仕事，成果についてのフィードバック情報を与える継続的学習の環境を与えるといい，また働くことは喜びや自己実現につながるもの（わくわくドキドキするもの）という意味の指摘をしています[6]。

　このドラッカーの経営の本質に関する見解は，次に検討する「**フロー**」（Flow）になるための条件の一部に似ています。

5　Kadoya, Y., M.S.R. Khan, S. Watanapongvanich and P. Binnagan [2020] "Emotional Status and Productivity: Evidence from the Special Economic Zone in Laos", *Sustainability*, 12(4).

6　上田［2011］39-41頁。

（1）フロー理論による生産性と幸福感の醸成を目的とする
アプローチ

「**フロー**」（Flow）の研究者の第1人者であるアメリカの心理学者の**チクセントミハイ**（Mihaly Csikszentmihalyi）によれば，「フロー」とは「無我夢中で何かに取り組んでいる時の意識状態で，単なる集中以上に，それを体験した人に何か特別なことが起こったと感じさせる，心と体が自然に作用しあう調和のとれた経験，最適経験，楽しむこととも関係している」といっています。わかり易くいえば，「フロー」とは「人間にとって最も生産性の高い幸福感に満ちた精神状態」のことです。

チクセントミハイは「フロー」体験をビジネスの分野にも適応し，仕事もできるだけ楽しくする方法や成功とともに，仲間や従業員また顧客にも信用されたいと思っているビジネス・リーダーの責任とは何かについて検討しています。

チクセントミハイは「フロー」な状態になるための条件として，次のものを挙げています。

①　組織の目標を明確にすること

社員と経営者間の**企業ビジョン**や理念，使命の共有・共感を通じ，組織の目標を明確にすることです。これにより両者間に信頼感が生まれ，会社，社員の存在意義を確認することができ，こうしたことが会社での一体感を生み，目標達成の動機を強めることにつながります。

②　社員に自由と責任を付与していること（信頼と自立性を軸としている）

社員には目標を達成するのに必要なスキルが必要ですが，さらに，「フロー」を生むには社員に権限を委譲することが重要です。仕事の仕方において，それが拘束的に社員をコントロールするものではなく，仕事の遂行方法

に選択の幅があり，最善の方法を見つけられるチャンスを社員に提供することが信用と新たなアイディアを生み出すといっています。

　新しい技術が導入され，仕事の仕方に変化が生じる場合も（例えばコロナ禍でのリモート・ワークの導入など），この新技術や新しい仕事の進め方は仕事の楽しみにどのように影響するのかという視点を，経営者，上司が持つことが「フロー」につながる一要因です。

③　挑戦（目標）とスキルのバランス，これら二つがその人にとり比較的レベルの高いものであること

　スキルとは技術的なスキルのみではなく，例えば価値観，感情，ユーモア，思いやりなどを含む能力全体を意味します。人材雇用の面で「求職者は組織の目標と価値観にふさわしい人かどうか」を問うことも重要です。

　挑戦目標とスキルのバランスがとれない状況が生じることもあります。例えば，私生活面での変化（家の購買，結婚他）により，精神エネルギーが当該仕事に向けられない状況が生まれることなどがその例です。賢明な上司は，そうした状況が一時的か基本的なものかを普段のコミュニケーションから推察し，適切な配置転換をすることが「フロー」への道を作るのです。

④　客観的で公正な評価の存在つまり明確なフィードバック

　社員が仕事の成果を迅速で具体的な**フィードバック**により知ることで，学習と成長の機会が生まれます。他者からのフィードバックを担う人の1人に上司がいますが，過剰管理につながるような事細かいフィードバックになると，社員のモチベーション，学習意欲が阻害され，ここに倫理リスクの発生源の一つであるプレッシャー，社員による正当化理由が生まれる要素となり，不正やごまかしなどの好ましくない結果に至ることがあります。

　フィードバックには仕事自体からのフィードバックもあります。仕事固有の成果の尺度を示すことにより，組織全体の中での社員の仕事の進捗状況が

わかれば，多くの場合，組織全体にとり魅力的なフィードバックとなります。そのためには，各社員の仕事が組織全体の目標達成にどのように役立っているのかを示して理解を得ておく必要があります。

　また，フィードバックは仲間からのそれも大切であり，社員が能力や独自性を発揮した時に，それを理解してくれる「**顔の見える仲間**」の存在も重要です。個々人の力が想像以上に発揮された時，仲間を含む組織全体の「賞賛」がない場合，社員のモチベーションは下がり，転職などの組織にとり好ましくない状況を生む一因になることがあります。

⑤　公共の利益や社会的価値の創造に寄与しているという誇りや満足感が存在していること

　社員の協力により生み出される商品やサービスが，公共の利益や社会的価値の創造に寄与していると社員が確信する時，社員は安心して自分の心理的エネルギーを仕事に投入することができます。いわゆる**心理的安全性**が高まる状況になります。したがって，会社は倫理的な態度をもって，利害関係者に接することができますし，社員の満足感や利害関係者からの協力が得られます。社会的諸問題の解決に寄与する商品やサービスの提供（**ソーシャル・ビジネス**）は，こうした面で優位性を持っています。

　この要因は「世のため，社会のために働く」という内発的動機，言い換えれば，何かに参加したり，何かを行うのはそれ自体が好きだからであり，将来得られる報酬や利益を期待して行うのではないということとも関連しています。

⑥　金銭などの外発的報酬だけではなく，教育，訓練，キャリアプランニングなど内発的な報酬の獲得に結びつく用意があること

　外発的報酬の典型は成果主義ですが，近年では成果主義の見直しがいくつかの企業で行われています。**内発的報酬**を整えることが**従業員満足度**（**ES**）

を高め，それがひいては**顧客満足**（**CS**）に結びつくという思考が重要です。

（2）職場での日本人幹部と外国人労働者間での心理的緊張感を和らげるアプローチ

このアプローチを代表する典型的な考えは**エドモンドソン**（Amy C. Edmondson）が主張する「**心理的安全**」（Psychological Safety）のコンセプトです。ハーバード・ビジネス・スクールで組織行動や心理学を専門とする彼女は，「**心理的安全**」について次のような趣旨の見解を展開しています。

① 定義

心理的安全とは，「関連のある考えや感情について人々が気兼ねなく発言できる雰囲気」を指します。ただし，このコンセプトはメンバーがおのずと仲良くなるような居心地の良い状況を意味するものではありません。また，プレッシャーや問題がないことを示唆するものでもなく（境界を越えたメンバーに対しては責任を負わせる），チームには結束力がなければならないということで意見が一致しなければならないということでもありません。むしろ，チームの結束性は異論を唱えることに対する積極性を弱めてしまう可能性があります（集団思考）。

② 前提

心理的安全を醸成させるための前提としては，信頼と尊敬，組織の目標の相互理解，仕事の意味や意義の理解が挙げられます。

またエドモンドソンは，心理的安全はリーダーにより生み出すことができるし，生み出す努力をすべき職場の特徴により生じるともいい，心理的安全を醸成するためのリーダーの行動として次の諸点を示しています[7]。

① 直接話し易い，親しみ易い人になる

---

7 エドモンドソン［2014］。

②　現在の知識の限界を認める

③　自分もよく間違うことを積極的に認める

④　部下の意見を重視していることを示し参加を促す

⑤　部下が積極的にリスクをとり，失敗した場合，それを許容し学習機会とするよう促す（失敗と向き合う）

⑥　具体的ですぐに行動に移せる言葉を使う

⑦　望ましいこととそうでないこととの境界を明確に示す

⑧　境界を越えたことについては責任を負わせる

そして，心理的安全がもたらすメリットとして次の七つを示しています。

①　率直に話すことが奨励される

②　考えが明晰になる

③　意義ある対立が後押しされる

④　失敗が緩和される

⑤　イノベーションが促進される

⑥　目標達成に集中できる

⑦　責任の向上

　リーダーが心理的安全性を醸成するという努力は，経営幹部と社員間の無用な緊張感を和らげかつ目標達成意識を向上させるという意味でも，一考に値する考えといえます。

(3)「フロー」および「心理的安全」のアプローチに基づく成功例

　この二つの考え方に近い対応で成功している，ミャンマーでの日本企業の事例を以下，付言してみます。

　創業41年の中小企業M社は山口に本社を置き，交通安全施設，区画線工事を業としています。同社は立ち上げ準備に3年をかけ，2016年にミャンマーに進出（従業員6名）。現地での社員採用から始め，いくつかの困難を

克服し（約束通り来ない運転手，予定通り届かない材料，ころころ変わる指示，予定通り払われない代金，火災の発生，チームワークの崩壊など）。現在はいくつかの指標で見て成功の部類に入るところまで来ているとのことです。

　同社代表とのインタビューおよびシンポジウムでの報告内容から，同社の進出成功要因として次のような要因を挙げることができるとともに，その内の多くは「**フロー**」状態を構成する要因および「**心理的安全**」を与える要因になっています。

① 　日本と現地にNo.2を作り全権委任したこと。これは「フロー理論」でいう「社員に自由と責任を付与」にあたる。そのことで相互信頼感が生まれる，「心理的安全」を与えることにもつながる。

② 　人を解雇しないこと。人創りをしているとの経営者の自覚が根底にあり，このことは社員に「心理的安全」を与えることにつながる。

③ 　理念が定まっていることと社員と共有することで「フロー理論」の組織の目標の明確化につながる。

④ 　研修と教育を通して，特に社員と共感しあえること（「社員の夢」実現の後押し）

⑤ 　経営者と社員双方 の「心が喜ぶこと」×「得意なこと」の領域を仕事のゾーンとすることで，成功に向かうと「仕事は気持ち良い」という感じになったこと。これは「心理的安全」を与えることにもつながる。

　このような簡単な事例でも，理論ベースでいわれていることが具体的な企業展開でも実施できることがわかります。重要なのは経営者と現場の社員とが経験領域を共有しながら，信頼感を築いていくことであり，そのことが社員のモチベーション，そしてひいては生産性を上げることにつながるといえます。

V | 幸福経営のマネジメント・プロセス

　ではどうすれば，進出日系企業は異文化理解の上，日々のオペレーション
を円滑に実施していけるのかについて，経営管理視点から検討します。

　異文化の理解不足による損失はリスクにつながり，異文化理解の経営は
チャンスにつながります。そういう二面性を持っている**異文化リスクのマネ**

図表 1-6　異文化リスクのマネジメント・プロセス

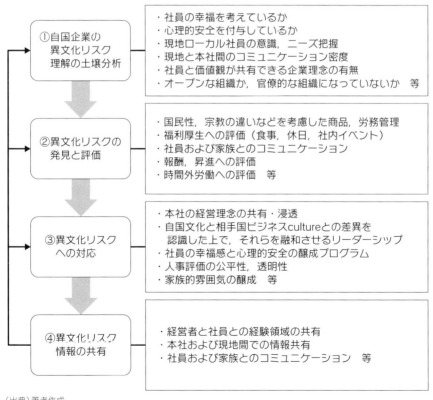

①自国企業の
　異文化リスク
　理解の土壌分析

・社員の幸福を考えているか
・心理的安全を付与しているか
・現地ローカル社員の意識，ニーズ把握
・現地と本社間のコミュニケーション密度
・社員と価値観が共有できる企業理念の有無
・オープンな組織か，官僚的な組織になっていないか　等

②異文化リスクの
　発見と評価

・国民性，宗教の違いなどを考慮した商品，労務管理
・福利厚生への評価（食事，休日，社内イベント）
・社員および家族とのコミュニケーション
・報酬，昇進への評価
・時間外労働への評価　等

③異文化リスク
　への対応

・本社の経営理念の共有・浸透
・自国文化と相手国ビジネスcultureとの差異を
　認識した上で，それらを融和させるリーダーシップ
・社員の幸福感と心理的安全の醸成プログラム
・人事評価の公平性，透明性
・家族的雰囲気の醸成　等

④異文化リスク
　情報の共有

・経営者と社員との経験領域の共有
・本社および現地間での情報共有
・社員および家族とのコミュニケーション　等

（出典）筆者作成

ジメント・プロセスの視点では，**図表 1-6** にあるように，①自国企業の異文化リスクに対する土壌を分析するところから始め，②次に**異文化リスク**がどこに潜んでいるかを見極め，③それへの対応を図り，④これらプロセスの各段階において異文化リスクに関する情報の関係者間での共有が重要となるとともに，各プロセスにおいて具体的には**図表 1-6** にある各項目への日系企業側の対応が重要となります。

　経営幹部，現地社員はじめ関係者が**図表 1-6** にある，各プロセスの項目を理解し，実行していくことが異文化理解を可能とし，かつ企業のパフォーマンスを向上させることにつながります。

おわりに

　これからの日本企業の経営者および幹部には企業規模に関わりなく，また国内外に関わりなく外国人労働者をいかに育成・指導するかが企業成果を大きく左右することになります。その際，本章で検討した異文化リスクへの効果的なマネジメントが強く求められます。そのポイントは第一に目に見えないマクロ的な国民的文化特性を理解するとともに，第二にミクロ的な社員個々人の価値観，生い立ち，学歴，親からの影響など多様な要因を考慮することが重要です。そして何よりも重要なのは経営者の「社員の心理的安全性」と「幸福感」の醸成に関するリーダーシップであり，最後に示したプロセスごとの留意事項を実行していくことです。

▶**参考文献**
上田惇生［2011］『ドラッカー「マネジメント」』NHK 出版。
上田和勇［2014］『企業倫理リスクのマネジメント』同文舘出版，60-62 頁。
上田和勇［2019］「ビジネスにおける異文化リスクのマネジメント—ASEAN における日本企

業の経営リスクマネジメントの在り方—」専修大学商学研究所『専修ビジネス・レビュー』Vol.14 No.1，11-21頁。

上田和勇［2020］「リスクのグローバル化とリスクマネジメント—ビジネス文化の国際比較とリスクマネジメントの方向性—」日本リスクマネジメント学会『危険と管理』第51号，1-20頁。

上田和勇［2021］「ソフト・コントロールによる異文化リスクのマネジメント—国民の文化特性とアンケート調査との比較分析を中心に—」上田和勇編著『ビジネスにおける異文化リスクのマネジメント』白桃書房，第1章，1-33頁。

エイミー・C・エドモンドソン著，野津智子訳［2014］『チームが機能するとはどういうことか』英治出版。(Edmondson, A.C. [2012] *Teaming — How Organizations Learn, Innovate, and Compete in the Knowledge Economy*, John Wiley & Sons.)

Katzenbach Center [2018] Global Culture Survey, PwC, https://www.strategyand.pwc.com/gx/en/insights/2018/global-culture-survey.html.

株式会社 Asia Plus, http://asia-plus.net

川端基夫［2017］『消費大陸アジア』筑摩書房，52-56頁。

小島和海［2015］「日本企業で働くベトナム人労働者に対する労務管理について」『高知工科大学論文』4-5頁。

ジェトロ［2019］「日本企業の海外展開に関するアンケート」2019年3月。

スーザン・A・ジャクソン，ミハイ・チクセントミハイ著，今村浩明，川端雅人，張本文昭訳［2005］『スポーツを楽しむ—フロー理論からのアプローチ』世界思想社。(Jackson, S.A. and M. Csikszentmihalyi [1999] *Flow in Sports — The Keys to Optimal Experiences and Performances*, Human Kinetics.)

関口智弘［2015］「中小企業の海外展開におけるリスクとその対応策—中国・タイ・ベトナム・インドネシアにおける法的リスクを中心に」『日本政策金融公庫調査月報』No.84，11頁。

潜道文子［2003］「知識労働者の時代における企業の経営戦略としてのフローの意義」今村浩明，浅川希洋志編『フロー理論の展開』世界思想社，第5章。

トム・ラス，ジム・ハーター著，森川里美訳［2011］『幸福の習慣』ディスカヴァー・トゥエンティワン。(Rath, T. and J. Harter [2010] *Well Being — The Five Essential Elements*, Gallup Press.)

古沢昌之，安室憲一，山口隆英編著［2015］『新興国における人事労務管理と現地経営』白桃書房，32頁。

ヘールト・ホフステード（父），ヘルト・ヤン・ホフステード（息子），マイケル・ミンコフ著，岩井八郎，岩井紀子訳［2013］『多文化世界—違いを学び未来への道を探る』有斐閣。(Hofstede, G., G.J. Hofstede and M. Minkov [2010] *Cultures and Organizations — Software of the Mind*, 3rd ed., McGraw-Hill.)

ミハイ・チクセントミハイ著，大森弘監訳［2008］『フロー体験とグッドビジネス』世界思想社。(Csikszentmihalyi, M. [2003] *Good Business — Leadership, Flow, and the Making of Meaning*, Viking.)

宮森千嘉子，宮林隆吉［2019］『経営戦略としての異文化適応力』日本能率協会マネジメントセンター。

第 2 章

企業家アンケートに見る異文化リスクマネジメントの課題
——ベトナム

本章で学ぶこと

　本章では異文化問題に関して実際に海外進出した日系企業家に対して実施した実態調査などをベースにして，第１章で検討した異文化問題で理論的にいわれているモデルと実務家が進出国で実際に体験している異文化に関わる問題とを比較検討します。

　その分析を通して実務家の生の声を知り，どうすればそうした問題を最小化できるのかを第１章での検討とともに学びます。

Q　キーワード

- 異文化リスク
- ソフト・コントロール
- ハード・コントロール
- ホフステードの６次元モデル
- 女性的文化
- 短期志向

はじめに

　2020 年，筆者の所属する専修大学商学研究所のプロジェクトチームは異文化経営に関する調査において，次にある概要に基づきアンケート調査を実施しました。最初にその調査結果の概要を示し，次に現地の日系企業家がどの程度，異文化問題を認識しているか，その異文化問題の内容は何か，それをどういう方法で最小化したかなどの点から検討します。

Ⅰ 　調査概要

〈調査目的〉

　日系企業の現地社員と日本人スタッフ・経営者間においては文化的背景が異なるがゆえに誤解やトラブルなどが発生し，経営効率他の低下を招くことが考えられます。それをここでは異文化リスクと捉えて，日本人スタッフや経営者から見た異文化リスクの状況について理解し，効果的な対応を探るための実態調査を実施しました。

〈調査時期〉
- 2020 年 10 月 7 日〜10 月 29 日（ベトナム）
- 2020 年 12 月 5 日〜12 月 23 日（台湾）

〈調査方法〉
　Online と一部郵送によるアンケート調査

〈質問項目〉

1) 現地社員の仕事観，国の文化，慣習の違いなどによる異文化リスクを感じたことがありますか。

　①感じた頻度（下記の一つを○で囲んでいただければ幸いです）

　　「非常に多い」，「時々ある」，「あまり感じない」，「全くない」

　②年間，何回ぐらいありましたか。（　　　　　回／年）

2) お感じになった異文化リスクはどのような点に起因するものでしょうか。（複数回答可。○で囲んでいただければ幸いです）

　（ア）一般的な生活慣習，習慣の違い（食習慣などの違いを含め，具体的にお書きくだされば幸いです）

　（イ）国民性や宗教の違い

　（ウ）仕事に関わる価値観の違い（賃金，昇進・昇格・時間外労働等での考え方の違いなど）

　（エ）福利厚生面での考え方の違い

　（オ）社員やその家族とのコミュニケーションの違い

　（カ）その他（簡単にお書きください）

3) 上記のリスクやトラブルをどのようにして解決しましたか。可能な範囲で具体的にお書きください。

4) お差し支えのない範囲で貴社の概要をお書きください。

　• 社名（書いていただいても公表はしません）

　• 取扱商品（現地法人の主な取り扱い商品）

　• 年商（大体の本社の年商：公表可能な場合）

　• 社員数（大体の国内と現地）

　• 企業理念あるいはモットー（標語など）

〈調査対象〉

　ベトナムと台湾の日系企業約200社を対象に調査し，30社から回答を

得ました。

〈調査主体〉

　三進インターナショナル社の協力を得て商学研究所上田プロジェクト
が実施しました。

　上記調査結果について，以下，ベトナムと台湾進出企業が経験した①異文
化リスクの概要，②異文化リスクへの対応策他について検討します。

Ⅱ　ベトナムと台湾の調査結果に見る異文化リスクの概要とその対応方法に関する調査結果

1. 回答企業30社の異文化リスクの知覚レベル

　ベトナムと台湾の**異文化リスク**の知覚レベルを示したのが**図表2-1**です。

　30社の回答で「非常に多い」と回答した日系企業はベトナムで8社，台湾
は4社であり，ベトナムは台湾の2倍です。「時々ある」ではベトナム17社
に対し，台湾23社と台湾の方が多いが，「非常に多い」という尺度から見て
プリミティブな調査・分析とはいえ，ベトナム進出の日系企業の異文化リス
クの知覚レベルは台湾のそれよりも高いといえます。

2. 調査結果による異文化リスクの主な内容（ベトナム）

以下の回答は現地日系企業の異文化リスクに関する生の声です。

①「特に仕事については，指示待ち・いわれたことのみする姿勢が強く
　残っており，自ら考えて仕事を創造する発想・能力が欠けており，モチ

図表 2-1　ベトナムと台湾の異文化リスクの知覚レベル

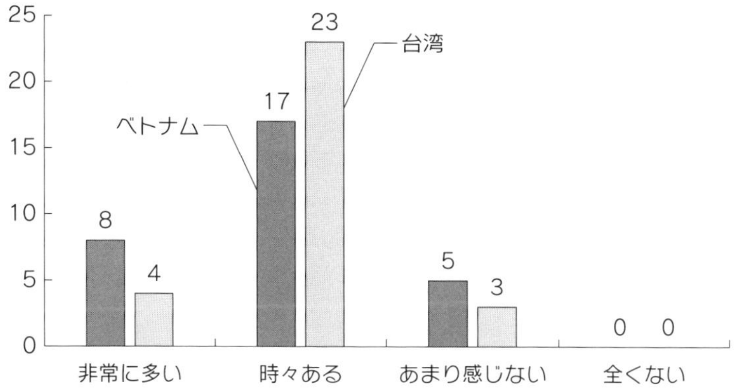

(出典) 筆者作成

ベーションアップにつながる方策が見つからない」（ソフトウエア会社）

② 「仕事時間外は，スタッフに仕事関係の連絡をしない。（ベトナムの家族を大切にする習慣を大事にしている）」（スポーツスクール）

③ 「ミスをしても人前で怒らない。（ベトナム人は異常にプライドが高く，これもこの国の文化として大切にしております）」（スポーツスクール）

④ 「日本のような時間厳守に厳しすぎる文化をなくす。（ある程度の常識は保った上で，自由度を与えている）」（スポーツスクール）

⑤ 「様々な分野において，良い意味でルールを全て守らないこと。（悪いことをするとかではなく，臨機応変に対応して行動しないと，契約書にこう記載されているから，ルールを守れといっても全く通用しない）」（スポーツスクール）

⑥ 「一定レベルを超えると全てを放り投げてしまうので，あきらめずにしつこく説明すること」（自動車部品再生）

⑦ 「私が特に感じるのはベトナム人の多くの人が，今のことしか考えない場合が多いように思います。そのことをすると人はどう思うのか，近い将来どうなるのかを考えないとどんなことが発生するかを立ち止まって

考えるように指導をしています」（コンサルティング）

3. アンケート調査回答による異文化リスクへの対応（マネジメント）内容（ベトナム）

①報告，連絡，相談などに関して，最重要なことは必ずするように，何度も話しました。

②現地の習慣を優先した。

③異文化の懸隔を埋めるためには，相手の考え方や価値観を否定はせず，一方で日本の文化・価値観は事あるごとに主張しながら，両者の妥協点を時間をかけて見出すことだと思います。

④共通言語の文字や絵に書き出し，一つ一つ同じ認識を持っていることを確認しながら，論理建てて説明し，スタッフに理解を得る。

⑤やりがいのある仕事環境の構築。

⑥一定レベルを超えると全てを放り投げてしまうので，あきらめずにしつこく説明すること。

⑦基本的にはこの国の文化習慣として納得し受け入れる。ただもし，それでは進めない場合，自分の考えを伝え，理解してもらう。しっかり目的や理由を説明すれば，トラブルにはならない。

⑧解決方法はなく，解決ではなく相互理解が不可欠だと思います。

⑨日本企業や日本人が当たり前と考える仕事の進め方は一旦忘れ，ベトナム企業やベトナム人の仕事の進め方を理解し，じっくり対話すること以外に解決策はないと感じる。特に，日本企業では，上司が部下の提案や提言を聞き，部下が意見をいい易い職場環境を一般的に風通しが良いというが，ベトナム企業では上司が絶対で，部下が自ら自発的に提案や提言をすることはほぼないと感じる。

⑩結論からいうと，自分自身の考え方から日本の常識を取っ払い，その国

に寄り添った考え方に変えました。

⑪文化の違いを認識し自身の企業経営との接点を見出すように努め，異文化リスクと捉えないようにしています。

⑫現地に合った規則作成，わかり易い表による説明。

⑬いうことはきちんというが，厳しさだけでは伝わらないので，時節ごとの贈り物のやり取りや一緒に食事するなど硬軟織り交ぜるよう心掛けている。

⑭日本人がベトナムの文化や習慣の違いを理解すること，事実を自分の目で見て確認し，最適な方策を実施すること，リスクを考慮した計画にしておくこと。

⑮ベトナム人とのコミュニケーションを多くするように心掛けている。また，信頼が置けるローカル社員から本音トークの内容を聴取している。

以上の日系企業の異文化リスクに対するリスク最小化策を見ると，明らかに異文化への理解を通した**ソフト・コントロール策**（マニュアルやルールなどの順守を優先させるのではなく，話し合いなどを通じ，情報共有を重んじ信頼感などのソフト面を重視するアプローチ）がほとんどです。

筆者はすでに別稿で異文化リスクのマネジメント策についてその概要を検討しましたが[1]，異文化リスクのマネジメント・ツールには主に**ハード・コントロール**とソフト・コントロールがあり，社員のモチベーションや価値観の共有，信頼の向上などの面ではソフト・コントロール策の実行が有効であり，現場でもそのような施策がとられていることがわかります。

---

1 上田［2019］。

Ⅲ | ホフステードの6次元モデルによるベトナムにおける文化特性と実態調査結果の比較分析

　ここでは**ホフステードの6次元モデル**（第1章参照）によるベトナムの文化特性と著者による実態調査結果とを比較分析し，ホフステードのモデルと実際のベトナム進出日本企業が知覚している文化特性とを比較します。

　図表2-2の中列がすでに示したホフステードの6次元モデルによるベトナムの文化特性であり，同図表の右列が実態調査結果です。

　図表2-2からいえることは，特に五つの指標（①権力格差，②集団主義，③女性性，④不確実性の回避心，⑤短期志向）について，ホフステードの6次元モデルでの一般的見解（同図表中列）とアンケートでの実態調査結果（同図表右列）とではかなり類似した結果が得られたということです。

　制限のあるシンプルなアンケート結果ですが，ベトナム人の国民特性はビジネスの分野でもかなりの程度，適応可能といえるでしょう。日系企業のマネージャーおよび本社のスタッフにおいても経営管理視点からの人的資源管理面での有益な指針として理解できます。

図表 2-2　6 次元モデルと実態調査結果の比較分析表

比較指標	ホフステードの 6 次元モデルの見解	実態調査結果による関連見解
① 権力格差	ベトナム人のこの面でのスコアは高く（70），彼らは組織内での序列を受け入れており，この面での改善の必要性は感じていないということを意味している。中央集権は普通である。部下は上司からの行動指示や命令を期待している。	「特に仕事については，指示待ち・いわれたことのみする姿勢が強く残っており，自ら考えて仕事を創造する発想・能力が欠けており，モチベーションアップにつながる方策が見つからない」（ソフトウエア会社）
② 個人主義・集団主義	この面でのベトナムの数字は 20 であり，集団主義が強い社会である。家族，関係者，仲間などに強い関係性と責任を持つ傾向がある。攻撃は恥につながり，メンツをなくすことにもつながる。社員と経営者の関係は，家族間のつながりのように心理的なつながりの中で捉えられ，採用や昇進は仲間の中での社員の問題として捉えられる。管理は仲間の管理という枠組みで考えることが重要。	「仕事時間外は，スタッフに仕事関係の連絡をしない。（ベトナムの家族を大切にする習慣を大事にしている）」（スポーツスクール）「ミスをしても人前で怒らない。（ベトナム人は異常にプライドが高く，これもこの国の文化として大切にしております）」（スポーツスクール）
③ 男性性・女性性	ベトナムは女性性の社会。職場のマネージャーが重視すべきは，コンセンサスであり，人々は質，連帯，労働面における質に重きを置く。衝突は妥協やネゴシエーションで解決する。自由時間，柔軟性を重視することが好まれる。幸せかどうかがポイントである。	「日本のような時間厳守に厳しすぎる文化をなくす。（ある程度の常識は保った上で，自由度を与えている）」（スポーツスクール）
④ 不確実性の回避心	不確実性の回避心に関するベトナムの 30 は低く（日本は 90 で非常に高い），将来の不確実性を避けようとする傾向は低い。したがって普段の人々の態度はリラックス・モードであり，原理・原則よりも実践に重きを置き，規範などからの乖離については許容範囲があり，我慢できる。	「様々な分野において，良い意味でルールを全て守らないこと。（悪いことをするとかではなく，臨機応変に対応して行動しないと，契約書にこう記載されているから，ルールを守れといっても全く通用しない）」（スポーツスクール）

比較指標	ホフステードの6次元モデルの見解	実態調査結果による関連見解
④不確実性の回避心	こうした不確実性の回避心が低い社会や文化では，必要以上のルールは不要であり，そうしたルールが曖昧で機能しないならば，ルールを変えるか廃棄すべきであると信じている。行動計画予定については柔軟であり，ハードワークは必要があればするが，そのことだけのためにはしない。正確さや時間厳守は自然には生まれず，イノベーションも脅威として受け取らない	
⑤長期・短期志向	長期的か短期的かの指標で，ベトナムは57であり，短期的志向が強い。実用性重視の文化があり，この文化では人々は，真実は状況や文脈，時間により変わると考える	「一定レベルを超えると全てを放り投げてしまうので，あきらめずにしつこく説明すること」（自動車部品再生）「私が特に感じるのはベトナム人の多くの人が，今のことしか考えない場合が多いように思います。そのことをすると人はどう思うのか，近い将来どうなるのかを考えないとどんなことが発生するかを立ち止まって考えるように指導をしています」（コンサルティング）

（注）アンダーラインは特にモデルと実態とが近似している部分である。
（出典）筆者作成

IV ベトナムにおける6次元モデルとアンケート調査結果を踏まえた異文化リスクマネジメントの方向性

　ここでは，日本とベトナムの文化的側面の比較で最も両国の差が大きいのが，「不確実性の回避心の高低」，「男性的文化か女性的文化か」，「短期志向か長期志向か」という三つの文化指標においてですので，この視点から調査結果他を踏まえて小括としてベトナムにおける異文化リスクマネジメントの

方向性について検討します。

1. 「不確実性の回避心が非常に低い」

　ベトナム人社員との関係においては，マネジメントの方向性として，規則やルールを押しつける（**ハード・コントロール**優先）のではなく，自由なアイディアが出易い柔軟な対応（**ソフト・コントロール**）を優先させることが重要です。この点はベトナム進出日系企業対象のアンケート調査結果でも指摘されています。自由なアイディアは企業経営にとり柔軟な思考を育み，新商品開発などに結びつく重要なマインド・セットであり，これにブレーキをかける施策や言動は好ましくないのです。

　ただ柔軟な対応が重要とはいえ，企業としての目標や理念などに関わる重要要素への相互理解，信頼があった上での柔軟な対応が必要です。経営者はガバナンスと柔軟対応との優先順位を間違えてはいけません。

2. 「女性的文化が強い」

　ベトナムは女性的文化が日本に比べ非常に強い。この文化の下では，仕事よりも家庭重視，職場の労働環境重視，生活の質重視の傾向が見られます。したがって，マネジメントの方向性としては福利厚生面，食事面，家族への配慮など，業績や数字以外の面にも配慮することが重要です。この点もアンケート調査結果で指摘されています。

　この点に関し筆者が 2019 年に訪問した下記企業の事例を以下，示してみます。

ベトナム企業のオフィスの実例

....

　2019年10月に訪問したベトナム，ダナンにあるベトナム系中堅IT企業R社はきれいなビルにあり，清潔なオフィス。業務中にラジオ体操の音楽流すとともに，オフィスに卓球台，パターマット，サンドバッグなどの設備を配置していました。これは社員が最大の財産という同社の考えの表れであり，かつストレス・マネジメントの一環でもある。筆者は日本企業でこうした設備を配した企業を見たことがありません（**写真2-1**）。

　さらに同社は人材が第一，家族第一という考えで，残業をさせない，休暇をとらせる，家族にも誕生日プレゼントを贈る，女性の日を年に2回設定しているなどの配慮をしています。

写真2-1　ダナンのIT企業の社員への配慮（2019年10月訪問時のダナンR社）

（出典）筆者撮影

3. 短期志向が強い

ベトナム人社員の短期的視点を重視する特性を踏まえた経営幹部の対応が重要です。この点も前述のアンケート調査結果で指摘されています。

例えばベトナム人社員は目先の経済的な年収に特に関心が高いと思われるので、会社の成長とともに年収も向上させる計画の概要などについて情報共有することなどが双方のコミュニケーションにつながるといえます。

前述のR社の離職率は18％であり、IT業界全般の25〜30％と比べ、低い割合であるのは、人材を最重要とする同社がこうしたベトナム人の特性を踏まえた対応をしている表れです。

おわりに

以上の検討からもわかるように、日系進出企業においては、特に異文化を理解しつつ、関係者とりわけ社員の幸福感と生産性他を伸ばすマネジメントを志向することが重要です。このことは国内のオペレーションにおいても同様で、日本人社員の微妙な個性や価値観の違いを踏まえた人的資源管理が本社サイドにおいて必要です。

筆者はこれまで**異文化リスクのマネジメント**問題について、何度か講演や報告をしてきましたが、フロアからのコメントの中で印象深いコメントとして次のものがあります。

それは、こうした検討結果を是非、本社サイドの人事や関連部署のリーダーに伝えてほしいというものです。現場では文化の違いによる対応の必要性を認識しても、その対応を効果的にし、社員のモチベーションやパフォーマンスの向上に結びつけるには本社サイドのいわば経営管理視点からの事前研修や人的資源管理による協力が必要です。その際に筆者は**現場での幸福感**

の醸成とパフォーマンス向上の双方の目的達成のため，第1章で検討した異文化リスクの管理プロセスを提案したのです。本社と現場とがまさに価値観を共有し，同じ目線で現地経営を進めていくことが重要なのです。

▶参考文献

上田和勇［2016］『ビジネス・レジリエンス思考法―リスクマネジメントによる危機克服と成長―』同文舘出版。

上田和勇［2019］「ビジネスにおける異文化リスクのマネジメント―ASEAN における日本企業の経営リスクマネジメントの在り方―」専修大学商学研究所『専修ビジネス・レビュー』第14巻第1号，11-21頁。

上田和勇［2020］「リスクのグローバル化とリスクマネジメント―ビジネス文化の国際比較とリスクマネジメントの方向性―」日本リスクマネジメント学会『危険と管理』第51号，1-20頁。

上田和勇編著［2021］「ソフト・コントロールによる異文化リスクのマネジメント」専修大学商学研究所叢書第20巻『ビジネスにおける異文化リスクのマネジメント―アジアの事例を中心に―』白桃書房。

前野隆司［2017］『実践ポジティブ心理学―幸せのサイエンス―』PHP 研究所。

前野隆司，小森谷浩志，天外伺朗［2018］『幸福学×経営学―次世代日本型組織が世界を変える―』内外出版社。

ベトナムのビジネス文化の特徴
——ベトナムでの経営事例から

　筆者はベトナムに旅行会社を興しベトナム人とともに働いて11年になります。ベトナムで会社を経営した経験から，日本での経営とは大きく異なる三つの点についてご紹介したいと思います。

　一つ目は，ベトナムは女性が働く社会だということです。当社は筆者以外の社員は全員女性です。日本語が堪能であることを条件としていますので，語学で成績が良いとなると決まって女性であるという特殊性があるからかもしれません。

　ベトナムには寿 退社という言葉が昔からありません。結婚しても共働きが普通ですので，女性は同じ会社に引き続き勤めてくれます。妊娠しても臨月までオートバイを駆って出勤し，出産予定日ギリギリまで働き，産休に入ってからすぐに出産，産休6か月が明けると赤ん坊を両親に預けて働きに出ます。

　女性の企業管理者，経営者も決して珍しくはありません。ベトナムの格安航空会社のベトジェットエア，乳業メーカーのビナミルクなどの大企業の社長も女性です。

　ベトナムでは女性が仕事をし易い環境も作られています。子供が小さい時には家政婦を雇うか，母親に手伝ってもらって子育てを支援してもらいます。夫が十分に家事を手伝ってくれないとのぼやきも聞こえてくる一方，若い男性では家事・育児に積極的に関わる人たちも増えています。

　現代では，国や地域にかかわらず，女性従業員に配慮したワークスタイルを確立することが企業にも求められます。日本では戦後長く男性が働き，女性は家事・育児を担当することが普通でしたが，女性も男性と同じようにはたらき活躍する場が与えられる社会へと変貌することが求められている時代だと思います。その点で日本の社会がベトナムに学ぶべき点は多いように思います。

　二つ目は，ベトナム社会はコネクションが大切な社会だということです。筆者が企業や官庁に新たにアクセスしようとする時，誰かの紹介が必ず必要になります。もし紹介を経ない場合，相手は警戒してコンタクトすることすら拒ま

れることになります。

　また何か問題があった場合に，もしその企業・官庁に友人，知人，親戚などがいれば，正面切ってでは解決できなかった問題を紹介者を通じて解決できることもあります。

　特に同じ大学，高校などの学友同士の関係は強固なものがあり，卒業後も同窓会や食事会を通じて関係を保ち，いざという時には友人関係が力を発揮することを筆者も目撃しています。

　こうした「コネ社会」であることがデメリットとなる点もあります。人事で縁故が優先される，公的なポストですら世襲される，取引の際にも縁故，コネで決定するなど，公正な競争が阻害される局面もあります。コネは「諸刃の剣」であることに注意することが必要です。

　三つ目は，ベトナム人は将来について非常に楽観的な見通しを持っていることです。それはこのコロナ感染が拡大する中でも示されました。

　当社は旅行会社ですが，コロナ感染で海外との観光客の往来が禁止されてしまったことで，2020年4月以降，収入を完全に失ってしまいました。

　たまたま当社の関係先にベトナム中部高原・ダラットで有機野菜を栽培して販売する農場がありました。同農場はホーチミン市に市場は持っていましたが，当社のあるハノイではまだ本格的な販売をしていませんでした。

　そこで筆者はこの有機野菜をハノイのお客様にオンラインで無店舗販売してはどうかと考え，社員に提案しました。旅行会社が野菜の販売をするといっても従来野菜どころか小売の経験もなく，Eコマースの知識もありませんでした。しかし，従業員たちは戸惑うこともなく，新規事業に賛同し，すぐにEコマースサイトを立ち上げ，野菜の販売を始めました。現在ではハノイ市内に420世帯に及ぶ顧客を擁し，旅行業ほど売上も利益も大きくはないものの，失った収益の一部を確保することに成功しています。

　ベトナム人社員たちは会社が生き残りさえすれば，ポストコロナで旅行業は必ずV字回復すると信じており，まずはサバイバルすることが必要だと心に決めて困難に立ち向かってくれています。これには経営者の筆者こそが励まされました。

　ベトナムのファム・ミン・チン首相は2021年11月日本を訪問し，日越投

資カンファレンスでこう述べました。

　「ベトナム人は真面目，勤勉であると同時に困難にあったら，それに立ち向かい克服するという特性がある。チャレンジをチャンスに変える力がある」

　ベトナムにおける企業経営という筆者にとっての異文化マネジメントで学んだことはこのベトナム人の「チャレンジをチャンスに変える」力だったと思います。

（文　新妻東一）

第 3 章

アジアのビジネス文化と日系企業[1]

本章で学ぶこと

　アジアのビジネスは日本とは大きく違っています。アジアの国々はそれぞれ異なった歴史を持っており，それがゆえに政府の成り立ちや企業の出自も異なります。「アジアビジネス」とひとくくりにして考えることもできません。

　本章ではそうしたアジアの多様性な側面を国ごとに解説していきます。歴史的な背景によって形成されたビジネス文化の中で，それぞれの国の企業行動はどのように行われているのか。また，その中で日系企業はどのように事業を遂行しているのかについて学んでいきたいと思います。

🔍 **キーワード**

- 歴史とビジネス文化
- 同族経営と財閥化
- 国際化志向
- 政府との関係

Ⅰ│アジア企業と日本企業のビジネス文化の違い

　アジアの企業は，日本企業のように一つのビジネス分野に傾注して大企業になろうとする志向はそれほど強くないといえます。一つの分野で成功すると，その資金で他分野へ展開します。アジアの大企業は大きくなればなるほど，多角化を行い，ついには「**コングロマリット**」と呼ばれる複合企業，すなわち**財閥**になっていく企業が目立ちます。特に東南アジアの華人企業やインドの大企業，韓国の大企業にそうした傾向が見られます。こうした企業は概してオーナーである**創業者一族**が株式の多くの部分（あるいは影響力のある部分）を保有していて，さらには経営者のポストについて直接経営をコントロールしているという特徴を持っています。したがって，大企業になるほど経営と所有は必ずしも分離されていないといってもよいでしょう。

　勿論，そうでない企業も見られます。日本と比べて多く存在している国有企業においては，所有は政府部門，経営は株主である政府部門から専任された経営者というように所有と経営は分離されています。したがって政府部門の影響力が強く，特に中国等では政府の意向が企業側の行動に大きく反映されている事例が見られます。

　また，アジアの企業は国際志向です。日本でも大企業は海外市場に展開しようとしますが，中小企業はあまりそうではありません。できれば国内の大企業との取引だけでやっていければそれに越したことはないと思っている企業は多いでしょう。海外市場での売上債権の回収リスクや異文化におけるコミュニケーションの摩擦へのおそれがそうした国内志向を生んでいるのです。よしんば海外向けの商品・サービスを製造・提供しなければならなくなったとしても，取引先の大企業を介して行う間接輸出や商社に任せてしま

1　本章は，小林守［2022］「研究ノート：アジアビジネスの歴史的バックグラウンドと日系企業」『専修大学商学研究所所報』第 53 巻第 2 号を大幅に加除したものである。

いたいと思っています。しかし，アジアの企業は違います。大企業であれ中小企業であれ，ビジネスチャンスがあればどこであろうと取引しようとします。勿論，海外ビジネスは代金を払ってもらえないなどというリスクがありますから，彼らは信用の置ける人としか海外ビジネスは行いません。しかし，信用の置ける人はいるのです。それは海外にいる同じ民族や，同じ出身地を持ち，同じ言語（方言含む）を話し，同じ宗教を信じる，すなわち同じ文化を共有する取引先です。アジアには歴史的に国を超えて多くの中国系の人々（**華僑，華人**），インド系の人々，そしてアラブ系・イラン系の人々が住み着いています。彼らは故郷を同じくするがゆえに「人脈」でつながっているのです。宗教的な紐帯もあります。こうしたエスニックな環境の中で人的関係を大事にすることが基礎となってビジネスが動いているのです。祖先の出身地やその文化，言語（方言）や宗教といったエスニックな共通の価値が，国の違いを乗り越えてダイナミックなビジネスを可能にしているのです。

　ただ，あまりに人との紐帯を重視するために，大きな組織制度を運営することは苦手という側面も指摘されています。家族や親しい友人は最も強い紐帯を持ったビジネスパートナーとなり得ます。したがってどんなに大きな企業になっても，ある一定の職位（業務執行的な職位）までは優秀な社員に任せるが，それ以上の戦略策定的な職位は家族や親戚，あるいは「親友」にしか任せないということになります。こうした典型が華人の中の「**客家**」というグループです。彼らは同じ中国系でも「客家系」以外はめったに信用しないといわれます。このため，客家系の企業は創業者やその家族がいつまでも実権を握っている「同族会社」であり続ける傾向が強いといわれています[2]。それでは，これらを踏まえてアジアの各国別に概観していきたいと思います。

2　高木［2005］。

II｜インドの波乱の近代史とビジネス文化

1. 歴史的背景と財閥

　インド大商人の発祥地はインド西部に多く，例えば，グジャラート州の**パルシー商人**，**グジャラーティ商人**，ラジャスタン州**マルワリ商人**などが挙げられます。歴史をさかのぼれば，彼ら商人たちはインドをイギリスの植民地化しようとしたイギリスの**東インド会社**（1600 年）の現地エージェントとして商売を拡大してきたのです。1757 年にイギリス女王の「特許状」を持って，インドビジネスを特権的に展開する権限を委譲されたイギリスの東インド会社は，ライバルのフランス東インド会社と現地のベンガル太守軍の連合軍を軍事的に屈服させ，ベンガル地方の徴税権を奪取しました。本格的なインドの植民地化の開始です。しかし，やがて強大になりすぎ，イギリスの新興資本家のインド進出の障害になったことから，イギリス政府から廃止されます（1858 年）。こののちインド商人はイギリスの様々なインド進出資本とのビジネス関係を結び，それぞれの祖業を発展させていきます。

　第二次世界大戦が終わると，イギリスはインドの独立を認めました。そして，インド独立の主要勢力であった国民会議派が長い間，政権を担当することになりますが，この政権は外国資本を締め出して，国内企業を発展させようとし，外資規制，独占禁止法強化，商業銀行の国有化を行いました。この結果，海外資本は締め出され，インドでは国内の企業が発展し，中でも国内の大資本はあらゆる分野に展開することになります。しかし，外国資本との競争のないビジネスは高コスト経済になり，国際競争力は向上せず，輸出によって外貨を獲得するという経済発展においては不可欠な役割を果たせなくなりました。そしてインドは海外出稼ぎ者による国内送金に外貨獲得を依存する状態が続いたのです。

1991 年，湾岸戦争で海外出稼ぎ者の送金が激減すると，最悪期には外貨準備高は輸入相当額の 2 週間分にまで悪化し，IMF（国際通貨基金）の緊急融資で救済されるという屈辱を味わいました。政権は海外企業への市場開放を主張するインド人民党政権などに交代し，それらの市場経済政策により，保護的貿易が撤廃され，それ以降は外資企業との合弁や IT 産業でインドビジネスは発展してきています。現在（2021 年時点）のモディ首相もインド人民党です。モディ首相は下位カーストの貧しい紅茶売りの家庭に生まれた庶民的な政治家で，根強い大衆的人気を誇っており，欧米各国との関係の構築にも尽力しました。この結果，近年のインド経済は NRI（海外インド人）からのインドへの投資などでアメリカ企業とのつながりが強くなっています。また，日欧米韓中などからの直接投資によって，最も魅力ある国の一つとなっています。

　インドの主な大企業（財閥）は**図表 3-1** の通りです。その他にキルロスカ（電機・自動車部品），ゴエンカ（マルワリ系：小売り，インフラ），ゴドレジ（パルシー系：電機），ジンダル（鉄鋼），ヒーロー（二輪車－ホンダと提携。その後解消），UB（酒類），ラルバイ（繊維），オベロイ（ホテル王），エッサール（石油，鉄鋼），TVS（二輪車－スズキと提携）などの大企業があります。

図表 3-1　インドの主な大企業グループ（財閥）

財閥名（創業年）	事業
タタ （パルシー系： 1859年頃）	最大の財閥。金融，小売，部品，IT，保険，エネルギー，サービス，通信，鉄鋼，自動車，紡績，不動産，ホテル。10世紀頃イランからたどり着いたペルシャ系ゾロアスター教徒の商人コミュニティー，「パルシー」出身。棉貿易からスタート。
リライアンス （グジャラーティ系： 1958年頃）	西部の「グジャラーティ」出身。アラビア半島のイエメンへの出稼ぎから身を起こし，ガンジー政権で成長。現在はリライアンスグループ（兄）（石油化学，繊維，小売り等）とリライアンスコミュニケーション（弟）（通信，金融，電力等）に分割。グジャラーティ系は海外ビジネスを展開することを好むといわれる。
バジャージ （マルワリ系： 1907年頃）	初期には「東洋綿花」と取引。二輪車や三輪車，鉄鋼などの製造業，旅行業，金融・保険業，製糖など27の企業を展開。オランダのフィリップスと電気製造を行った。
ビルラ （マルワリ系： 1860年頃）	第一次世界大戦で蓄財。貿易から自動車，機械，海運，化学，繊維，保険等に展開。西部の「マルワリ」出身。マハトマ・ガンジーのインド独立運動を支援。国民会議派政権により発展。後継者が3グループに分裂。
アバンサ （パンジャブ地方： 1929年頃）	石炭販売で発展。社会主義的な政府に石炭業を国有化されると，製紙，繊維，化学（米国コーニング社と合弁），砂糖，金融・保険等に進出し，成功。
マヒンドラ （パンジャブ： 1945年）	自動車，トラクター，金融，IT，貿易等。マヒンドラ兄弟により1945年設立。07年，ルノーと自動車合弁，08年解消。フォード，三菱，日産と提携を経験。経営破綻した韓国雙龍自動車を買収。

（出典）須貝［2011］；各社ホームページ；NHKスペシャル取材班（2009）；新聞報道より筆者作成

2. インド市場と日本企業

　自動車および二輪車についていいますと，インドは巨大な人口を抱えながらもいまだ自動車保有率は低く，今後の潜在力は大きい状態です。マルチ・ウドヨク（国有企業）が1980年代に日本のスズキ自動車と組んだマルチ・ス

図表 3-2　インド乗用車市場シェア（%）

メーカー名（本国）	市場シェア
スズキ（日本）	47.4
現代・起亜（韓国）	16.7
マヒンドラ＆マヒンドラ（インド）	7.8
タタ（インド）	5.7
ホンダ（日本）	5.2
トヨタ（日本）	4.7
ルノー（フランス）	4.4
その他合計	8.1

（出典）『日経産業新聞』2017年11月6日

ズキは小型車で成功し，いまだにインド自動市場の4割を占めています[3]。スズキは市場の50%以上を占有しようとして，中国市場から撤退し，インド市場に経営資源を集中し，拡大を加速していますが，韓国の現代・起亜グループも急速に追い上げています。一時，最安値の軽自動車を投入し，第2位につけていた現地のタタ自動車は現代・起亜や現地のマヒンドラグループに抜かれています。また，ホンダ（日本），トヨタ（日本），ルノー（フランス）やアメリカ勢も参入し，激しい競争が続いています（**図表 3-2**）。二輪車においては現地企業ヒーロー，日本のホンダ，現地企業 TVS，現地企業バジャージで，すでに合計市場シェアの90%近くを占めて寡占状態となっています[4]。

　また，インドはジェネリック医薬品（特許切れの医薬品）で強みがあり，2万社がひしめく乱立市場です。このため，先進国の医薬品メーカーも巻き込んだ企業買収が活発に行われています。例えば，日本の第一三共が2008

3　2018年に中国市場から撤退し，インドに集中している。
4　澤田［2020］。

年に現地大手のランバクシーを買収しました（その後売却）が，その前の2005年にランバクシーは日本ケミファに資本参加を行っているなど資本参加も頻繁に行われています。コロナ禍を経て，ジェネリック薬品の大量生産能力を有するインド製薬会社と海外企業との提携や資本参加はこれからも続くと思われます。バイオサイエンスの医薬品メーカーとして著名なのが，1978年に設立されたバイオコンです。ジェネリック薬品製造が多いインド製薬メーカーにおいて，数少ない新薬開発技術を持っているとされ，アメリカのファイザー社が同社にインスリンの生産委託をした結果，東アジア最大のインスリンメーカーになったこともあります[5]。

ITソフトウエアは，インドで極めて有望な分野です。南部バンガロールのソフトウエア産業の活況で著名ですが，インフォシスが有名（創始者ナラヤナ・ムルティ氏，通称「インドのビル・ゲイツ」）です。インドにおいては貧困でも向学心が強く，幼少の数学教育によりIT人材輩出の潜在力は大きいといわれます。インド工科大学など理系では世界トップクラスの大学があり，全て英語で教育されていますので，国際的なビジネスにおける英語の強みもあります。欧米企業からソフトウエア開発やシステムインテグレーションのプロジェクトを数多く受注しているのはこうしたIT人材です。IT産業はカーストによる職業制限もないため[6]，多くの優秀な人材が集まる可能性を秘めています。

アパレルではH&M，GAP，ウォルマートのPBが生産と輸出の基地としており，ユニクロや紳士服のコナカも委託生産を一部行っていると報道されています。家電では韓国サムスン，LGが徹底的な現地化で優位に立ち，日本の家電メーカーから市場シェアを奪い優位になっていますが，日本のソニーは中高所得層をターゲットにした現地化で巻き返しています。いずれに

---

5 近藤［2012］。
6 ヒンドゥー教徒8.5億人にこのカーストによる職業制限がある。例えば，ジャイナ教0.07億人は一切の殺生を禁じ，動物性食品を食べず，虫を吸い込まないためにマスクをするという。そのため，農業に従事せず，商人特に宝石商に多い。

しても，やがて中国を抜いて世界一の人口大国になり，しかも人口の平均年齢が若いこともあって，主要な家電メーカーを含む消費財メーカーはインドへの投資を拡大させていくことは間違いないと見られています。

Ⅲ | 香港とマカオの「叩き上げ」のビジネス文化

　中国から東南アジアや欧米へのビジネスの橋頭堡として発展してきたのが香港です。**華僑**は 19 世紀を一つのピークとして，中国大陸から東南アジアをはじめとした国外へ主に経済的理由で渡航していきました。20 世紀に入っても 1949 年に中国大陸で共産主義政権が成立すると，自由なイギリス植民地であった香港などを経由して国外への移民が増加していきました。東南アジアやその他の国々まで行かず，香港にとどまって，大きな企業を興す，すなわち「**香港ドリーム**」を体現した経営者も現れました（**図表 3-3**）。その代表的な例として 2 人の人物，李嘉誠氏（長江実業）と李兆基氏（恒基兆業）を挙げてみます。

1. 李嘉誠氏（長江実業）

　トップ財閥を築き上げた李嘉誠氏は中国の広東省潮州出身ですが，客家系ともいわれる華僑です。父親が亡くなり，13 歳頃から学校をやめて働かざるを得なくなりました。最初の仕事は茶楼（中国風喫茶店）での給仕（ウエイター）で，その後，親戚の時計店や金物店で働きました。最初に起業した企業は，1950 年に自分の貯金と親族，友人からお金を借りて約 6500 米ドルで設立した「長江塑膠廠」です。プラスチックでできた日用品等の製品を製造する会社で，最初は石鹸入れなどを作っていました。やがて精巧なプラスチック製の造花（通称「ホンコンフラワー」）を製造するようになり，これ

図表 3-3　香港における主な華人系大企業グループの沿革と事業概要

企業グループ名 （創業者）	沿革と特徴
長江実業 （李嘉誠）	中国の広東省潮州出身だが，客家系。プラスチック製品製造（1950年代）から不動産に進出急成長（1970年代）。さらに英国系企業買収などを通じて，事業多角化。港湾，製造業，商社，通信事業進出（1970年代〜80年代）。その後，中国大陸におけるインフラ投資を展開。2人の息子に承継。長男は中核事業を，次男は情報通信等新分野の事業を展開している。
會徳豊（ウィーロック）・九龍倉（ワーフ）包玉剛（Y・K・パオ）	上海にルーツを持つ。海運業で成功（1950年〜70年代）。不動産やコンテナターミナル運営。英系商社，百貨店等を買収して多角化（1980年代）。その後，有線テレビや通信事業に展開。1990年代からは中国大陸において不動産開発事業に注力。女婿の呉光正（ピーター・ウー）氏が引き継ぎ，家族経営を強める。
新鴻基（サンフンカイ）（郭得勝）	香港の不動産最大手の一つ。ホテル，不動産に特化して事業を展開。2008年に表面化した内紛で，創業者の長男が2人の弟に事実上トップの座を追われていた。2014年に創業者，故郭得勝氏の夫人，鄺肖卿氏が保有する同社株を3人の息子に均等に割り振ることなどで郭氏一族が「友好的な合意に至った」。※
恒基兆業 （李兆基）	中国広東省・順徳出身。香港の不動産最大手の一つ。中間層向け住宅にターゲットを絞って成功。タイヤ製造や中国ガス企業への投資で大企業に発展。
新世界発展 （鄭裕彤）	中国広東省の出身。戦後，現在の周大福珠宝集団での奉公から身を起こし，同社を宝飾品販売大手に育成。その後，不動産，ホテル，コンテナ運輸，通信・放送に展開。1970年に新世界発展を創業した。香港・中国本土で不動産，インフラ，百貨店など事業多角化。2012年に主席職を長男の鄭家純氏に譲った。
恒隆（陳啓宗）	不動産で成功（1960年代）。小売り，食品に展開。地下鉄沿線で地域開発に注力（1980年代）。日本のクリーニングチェーン，白洋舎との提携は有名。
合和実業（胡応湘―2代目）	建設業が祖業。その後，早い時期からエネルギー，交通運輸等インフラ事業に注力したことで有名。香港―広州高速道路（1994年開通），深圳の沙角C発電所（1995年）等，民間資金でインフラを運営する手法（PFI）を積極的に採用。東南アジア（フィリピン，インドネシア，タイ）で発電所，高速道路，高架鉄道などを手掛けたが，タイの高架鉄道は1997年のアジア通貨危機で撤退。

（注）『日本経済新聞』2014年1月28日，http://www.nikkei.com/article/DGXNASGM2804P_Y4A120C1FF2000/
（出典）小林他［1995］；日本経済新聞等の報道から筆者が加筆。

がヒット商品となり，海外市場に輸出するようにまでなりました。やがて，この資金で不動産に進出し，それを賃貸するなどして資本を増やしていきました。こうして資本を蓄積して1970年代に急成長し，さらにイギリス系企業買収などを通じて事業多角化を行い，コングロマリット化（複合企業化）した企業グループにまで成長させたのです[7]。李氏はその後も1980年代〜1990年代を通じて港湾，製造業，商社，通信事業への進出など多角化を継続し，香港最大の大企業グループを所有・経営するに至ったのです。

その後，「**改革開放政策**」を推進して華僑資本の誘致に熱心になった中国政府とも良好な関係を築き，中国大陸におけるインフラ開発など巨大投資案件に深く関与するようにもなりました。大陸から「食べるために」出かけてきた華人企業家の典型的な成功物語です。しかし，近年は中国政府との関係はかつてほど良好ではないといわれます。これに伴い，投資先を日本，欧米，東南アジアなど地域的な分散を図っています。すでに高齢のため，2人の息子にそれぞれ，基幹事業（インフラ，不動産，貿易等）を長男に，通信やIT等新分野を次男に承継しています。兄弟の関係は一枚岩でなく，兄弟間の争いが起きる前に事業群の分割という形で**事業承継**を行った形となっています。

2. 李兆基氏（恒基兆業）

もう1人の立志伝中の人物は恒基兆業の李兆基氏です[8]。李氏は1928年，中国広東省順徳に生まれ，教育制度が整っていなかった当時，地元の個人塾で教育を受けました。父親は広州で高利貸し（のちの銀行業）を行っていたので父親の仕事を観察し，ビジネスというのがどんなものか，子供ながら理

---

7 1997年のイギリス領香港から中国特別行政区香港への移行などを見据えてイギリス企業は香港への投資額を減少させたり，撤退したりしていた。

8 「李兆基，小学校卒業のみで香港富豪No.3に」https://money-academy.jp/lee-shaukee/〔2020年10月16日閲覧〕。

解するようになっていったそうです。のちに，小学校を卒業し，父親のもとで働くようになりましたが，オーナーの息子ということで特別な待遇を受けることはなく，雑用係りから始まり，高利貸しについて学んでいきました。

　しかし，1946年〜1949年の中国大陸での国共内戦（国民党軍と共産党軍の内戦）が激しくなると，大陸の広州では高利貸しが続行できなくなり，1948年に父親とともに香港に移住しました。香港で香港ドルと中国の通貨との両替商を路地裏で始め，やがて両替だけでなく金の売買も始めていきました。香港の隣にあった当時ポルトガル領のマカオでは，この金売買において大きな成功を収めたそうです。そして，友人と1人100万香港ドルの出資で，資本金300万香港ドル，従業員は十数名の不動産企業を設立し，他社が行っていない中小住宅の開発に目をつけ成功していきました。李氏は不動産業界においてこうした異色の経験を積み，基盤を築き上げました。1972年には不動産投機で大きな利益を上げ，1975年に個人企業，恒基兆業地産有限公司を設立。香港不動産業界のバブル期であった1981年には，この恒基兆業地産有限公司を株式上場して10億香港ドルの資金を得て，「不動産財閥」とのちにいわれる事業の飛躍が始まったのです。その後，香港タイヤメーカー・中国ガス企業へと多角化し，香港トップクラスの財閥に成長しました。

3. 事業の特徴と事業承継問題

　以上の事例を見ますと，香港の大企業グループの創業者の成功の特徴は，「変化の兆しを捉えて先手を打つこと」，「競争相手の少ない『隙間のマーケット』や競争相手が『撤退していくマーケット』を狙うこと」といえます。このような経営スタイルは欧米流の専門経営者や日本的な内部昇進型の経営者ではとることが難しいと思われます。部下や株主への説得と合意の獲得に時間がかかり，その間に投資機会を逃してしまう可能性があるからで

す。これを可能にするのは強く個性的な創業者であり，その一族によるビジネスなのかもしれません。ただ，そうした創業一族のビジネスには決定的な弱みもあります。それは，次世代への**事業承継**における一族内の紛争です。

マカオのカジノ財閥・澳門博彩の事業承継

　1960年代から40年間以上マカオのカジノ運営権を独占し，香港とマカオを結ぶフェリー事業や不動産事業なども手掛けた「マカオのカジノ王」，何鴻燊（スタンレー・ホー）氏は2018年6月に経営の一線から退き，2020年5月に98歳でこの世を去りましが，その事業承継を巡っては氏の生前から4人の事実上の妻とその子女（17人）が骨肉の争いを繰り広げるなど波乱の様相を呈していました。

　まず2009年に何氏が脳梗塞で長期入院すると，翌年，自身の持ち株を第2夫人と第3夫人に譲渡したと報道されました。しかし今度は，第1夫人との子や第4夫人が背後にいるとされる何氏の顧問弁護士が，「権益の譲渡は無理やりサインを強要されたものであり，詐欺行為」とし，第2夫人と第3夫人が何氏の資産を乗っ取ろうとしていると非難を開始。その後，攻撃された第2，第3夫人は何氏の手書き書面を公表して顧問弁護士を解任，一方の顧問弁護士側も何氏自身が「弁護士を解任しないこと」や「権益を取り戻してほしい」と訴えるビデオを公開し，訴訟を起こすなど，まさに泥沼の争いとなりました。

　最終的に2011年3月，何氏と全家族が「一族間での和解協定」に調印したと発表され，グループの複合企業・信徳集団は第2夫人との間に生まれた娘の何超瓊（パンジー・ホー）氏が継承，マカオ・カジノ運営大手の澳門博

カジノ産業が栄えるマカオの街並み

彩は同じく第2夫人との子である何超鳳（デイジー・ホー）氏が会長に，別のカジノ会社・メルコリゾーツ＆エンターテインメントも第2夫人の長男・何猷龍（ローレンス・ホー）氏が率いる結果となりました。

　こうしたお家騒動の中で，マカオ経済の象徴であった澳門博彩は大型複合施設の開発で競合他社に後れをとり，カジノ業界でもシェアは4位と低迷。経営の立て直しが急務の中，「複雑な統治構造が権力争いを招く余地を残している」と市場関係者からは懸念も浮上しています。また新型コロナウイルスの感染拡大の影響によって，以前のようなビジネスの隆盛は難しいともいわれています。

（参考文献）
『日本経済新聞』電子版，2019年5月28日「香港，長老経営者が相次ぎ引退　恒基兆業や東亜銀行　共同トップ体制に」https://www.nikkei.com/article/DGXMZO45376730Y9A520C1FFJ000/〔2021年6月13日閲覧〕。
『日本経済新聞』電子版，2018年6月12日「マカオのカジノ王引退　娘や妻が継承，企業統治複雑に」https://www.nikkei.com/article/DGXMZO31668210S8A610C1FFE000/〔2021年6月13日閲覧〕。
『日本経済新聞』電子版，2011年2月21日「名門企業，骨肉の争いが生む成長力」https://www.nikkei.com/article/DGXNASGM1902A_Z10C11A2000000/〔2021年6月13日閲覧〕。
西原哲也［2013］『李嘉誠　香港財閥の興亡』エヌ・エヌ・エー。
『日本経済新聞』電子版，2020年5月26日「「マカオのカジノ王」が死去，スタンレー・ホー氏　関連株上昇も「一時代の終焉」」https://www.nikkei.com/article/DGXLASFL26HS3_W0A520C2000000/〔2021年6月13日閲覧〕
『NNA ASIA』2021年2月25日「カジノSJM，20年はコロナで赤字30億ドル」https://www.nna.jp/news/show/2156309〔2021年6月13日閲覧〕

（文・写真　小林　慧）

（出典）小林慧［2021］「マカオの華人大企業グループにおける事業承継の紛糾—カジノ財閥・澳門博彩の事例—」上田和勇編『復元力と幸福経営を生むリスクマネジメント』同文舘出版より，加除の上，転載。

Ⅳ ｜ 台湾の起業家精神と国際感覚

1. 歴史的背景と企業の特徴

　台湾における大企業グループは，その沿革で分類すると日本の敗戦・撤退後，日本企業の資産を国民党政府が国有化・公有化した企業，現地の民間企業（**本省系企業**），第二次大戦終結後中国において起こった国民党と共産党の内戦を通じて台湾に撤退してきた国民党とその関係者が中国大陸から移してきた企業（**外省系企業**）に分けることができます。勿論，その後，アメリ

カ留学組が帰国して起業したり，新しい民間企業が大企業化したものもありますが，幅広い事業分野に展開している企業グループは，1990年代までは国民党の資本と影響力によって運営されてきたいわゆる党営企業や公有企業（国営企業や台湾省政府による省営企業）であり，基幹産業などにおける市場支配力は際立っていました。その後，2002年1月の台湾のWTO（世界貿易機関）加盟を経て，この多くは民営化されて普通の企業になっています。1990年代半ばの李登輝政権以来，民主化が進み，ビジネスにおいても現在の台湾では日本や欧米諸国などのように自由な企業活動が保証されています。したがって，今や「外省系企業」と「本省系企業」の分類はもはやあまり意味を持たなくなっているようです（**図表3-4**）。

2. 「偉大なる下請け企業」として成功—委託生産で成長

　台湾政府の輸出志向経済政策により繊維製品，プラスチック製品，弱電部品関連の企業は輸出によって成長しました。資本集約的産業の化学製品は大企業グループが担いましたが，繊維，食品加工，弱電部品は労働集約的な産業であったため，中小企業から専業化し，世界のトップ企業になる企業も現れたのです。また，日米の電機メーカーからのアウトソーシングを受託し，総合電機組立企業へと成長していった企業も出現しました。いわゆる「偉大なる下請け企業」です。

　大企業化した電機組立企業は中国の改革開放政策に沿った中台間の政治的対立の緩和に伴い，中国大陸に生産拠点を展開し，安い人件費と中国国内市場での販売を通じて飛躍していきました。さらに，ITや電子分野では大企業から人材がスピンオフし，新しい企業を創業（起業）するなどの活性化によって活力のある企業が次々と生まれていきました。台湾におけるIT関連企業の登場とスピンオフ創業の活性化の背景には，グローバリズムの進展による世界的なアウトソーシングの波があるといえます。台湾企業はこの波に

図表 3-4　台湾の主な大企業グループ

企業集団	概要
遠東グループ （外省系企業）	第二次大戦後，1949 年に中国大陸に中国共産党の中華人民共和国が成立した際に国民党政府とともに上海から移転。この時のトップは江蘇省出身の創業者，徐有庠氏。祖業である紡績から百貨店，運輸，建設，銀行，証券と事業を拡大した。
裕隆グループ （外省系企業）	1949 年に機械設備を上海から台湾に移設して創業。紡績から自動車製造に展開。この時のトップは江蘇省出身の厳慶齢・呉舜文夫妻。裕隆汽車，中華汽車を設立し，日産自動車，三菱自動車と提携して「自動車財閥」になった。
台塑グループ （台湾プラスチックグループ） （本省系企業）	台北県出身の王永慶・王永在兄弟が創業。貧しい家に生まれ，米屋の下働きから精米所を経営，さらに建設資材へ拡大。やがて，米国の後押しで民間企業育成が推進されると 1964 年にポリ塩化ビニール製造に進出。その後，半導体製造に展開。米国や中国大陸への投資に積極的。王永慶氏は「台湾の松下幸之助」と呼ばれる。
霖園グループ （本省系企業）	蔡萬春（第十信用組合創業者）・蔡萬霖（国泰生命保険創業者）・蔡萬才（富邦産業保険創業者）の 3 兄弟が創業。竹南の貧しい農家に生まれ，野菜の行商からスタートした。旧・国泰グループ。1980 年代から急成長し，金融・保険，建設に展開。中心企業は国泰生命保険，国泰建設。保険業および不動産分野で成功。
永豊餘グループ （本省系企業）	台南で紙パルプの家業を拡大し，金融・電子部品・不動産に進出。紙パルプの原料輸入の必要性から 1970 年代からインドネシア，タイ，カナダへと直接投資を実施。2 代目何寿川氏（台湾大学卒業後米国留学。機械専門家）は海外進出に積極的。
大同グループ （本省系企業）	家電，電子部品等エレクトロニクス分野で成長。創業者は台北市出身の林挺生氏。従業員の経営参加（社員持ち株制）など労使協調型の経営を行ってきた。技術者育成のために大動工学院を設立し，卒業生を雇用することで著名である。
和信グループ （本省系企業）	創業者は台湾・彰化県出身の辜振甫氏。台湾セメント，中国信託商業銀行，中国合成ゴム等，金融や化学分野が強いグループ。辜振甫氏は米国，日本，韓国，豪州などとの人脈は広く，経済交流では必ず台湾を代表するリーダー的な存在として活躍。中国と台湾の政治的な交流窓口である「海峡交流基金会」の会長も務めた。

（出典）小林［1995］；浅海［2008］

乗り，系列にこだわらない受注を展開して受注規模を拡大し，それによってもたらされる規模の経済による価格競争力で成長しました。パソコン，スマートフォン，タブレット等について，先進国メーカーの**OEM・ODM生産**（**EMS**）を受注して成長し，さらに大陸へ進出した企業群がその顕著な例です。その一つに子会社，中国のフォックスコン（富士康）の親会社であり，iPad の **EMS** 企業として有名な鴻海精密工業があります。同社はその後，**EMS** 企業からの脱却も模索し，経営不振のシャープを支援し，経営権を掌握しました。他に **EMS** から脱却し，独自ブランドで世界市場に展開を図った企業には ACER や ASUS 等があります。

　半導体製造分野では大規模化による価格競争力が激しく，アメリカ企業や日本企業との連携を模索しながら成長した台湾積体電路製造（TSMC）が著名です。同社はもともと台湾政府の産業育成計画のもとに誕生しましたが，その後，大規模生産（液晶パネル，半導体 DRAM）の製造だけに特化して，アメリカの**ファブレス企業**等（半導体企画設計会社）からの受注を行う「**ファウンドリ**」という業態（受託生産専門会社）で非常な成功を収めました。2021 年現在，日本政府は TSMC の工場をソニーとの提携を通して日本国内（熊本県）に誘致することを決定しました。これは日本の産業に対する半導体のサプライチェーンの安定を図るためです。

3. 助けられる側から助ける側へ—日本とのビジネス関係

　台湾は親日的な社会であるといわれ，日本文化と中国文化，そして欧米文化にも造詣が深いこともあって，日本のサービス業が台湾にまず進出することによって経験を積み，その上で中国大陸で事業を展開するという「訓練場所」になっています。これは同時に台湾なら日本の製品・サービスを受け入れてくれるだろうという期待感によるものでもあります。例えば，三越百貨店は「台湾新光三越」を台湾の新光グループと 1989 年合弁で設立（三越

図表 3-5　半導体（DRAM）で日台連合を模索したエルピーダメモリ

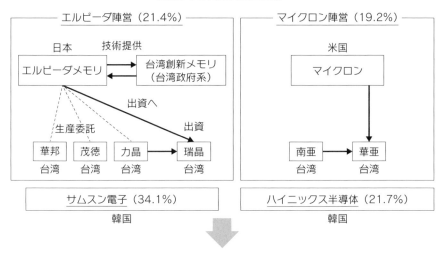

2009年の世界DRAM市場※

2015年のDRAM市場
（スマートフォン向け需要の伸びでサムスン電子がシェアを大幅増）

サムスン電子（57%）	ハイニックス半導体（24%）
マイクロン（エルピーダを吸収）（17%）	台湾勢（2%）

(注) 2009年4月〜6月期
(出典)『日経産業新聞』2009年11月16日および各種報道より筆者作成

44%出資）しています。台湾側のパートナー，新光グループの考え方を入れて，人件費を**テナント方式**で節約して賃借によって安定収入を確保するなど，日本のビジネスモデルとは少し変えていますが，店舗内の店づくり（内装，什器等）と従業員教育（質の高いサービス）は三越流を徹底的に追求して「日本の三越百貨店レベルのサービス」でブランド力を出しています。

しかし，逆に，近年では日本で起こった台湾のタピオカミルクティーブームなどのように台湾製品やサービスを日本が受け入れていくような現象も顕

著になっています。また，鴻海精密工業（ホンハイ）はシャープを子会社化（2016年）した後，事業の再構築の途上にあった東芝のパソコン事業部を2018年に買収しています。金融業界でも台湾の中國信託商業銀行は地方銀行である東京相和銀行が経営破綻した折に，経営権を獲得しています（2013年東京スター銀行として経営再建）。

　こうした相互依存の深化は東日本大震災に折に多大な支援を台湾から受けたという日本側のシンパシーの高まりだけでなく，実際に台湾企業の実力が日本企業を上回ることも多くなってきたからです。すでに震災前の2009年には日本政府が音頭をとって，各電機メーカー（NEC，日立，三菱電機）の半導体部門を統合させて設立したエルピーダメモリ社が台湾企業の力を借りて，韓国勢，アメリカ企業と対峙しようとした計画が提起されました（**図表3-5**）。しかし，これは結局不調に終わり，2015年頃にはエルピーダはアメリカのライバル，マイクロンに買収され，主要メーカーとしては姿を消してしまいました。日本国内での半導体製造は，既述のように，現在では世界最大級の半導体メーカー，台湾のTSMCを日本に誘致する協力形態に変わっています。

Ⅴ │ 韓国財閥のビジネス思考とグローバル化

1. 韓国トップ財閥の沿革

　韓国では大企業は一つの分野や関連分野にとどまらず，資本力を活かして多様な分野に子会社を設立あるいは企業買収を行い，コングロマリットあるいは**財閥**といわれる形式で韓国経済社会において支配的な地位を確立しています。そしてその多くが創業者一族による所有（株式）と経営（経営陣）が一体化された形で運営されていますが，電子分野を中心に世界市場のシェア

を飛躍的に増加させました。

　第二次世界大戦終戦の1945年時点で，三星財閥の創業者，イ・ビョンチョル氏は35歳で醸造所経営，現代財閥の創業者，チョン・ジュユン氏は30歳で精米所経営，LGグループの創業者，グ・ジンヘ氏は39歳で反物商，SKグループの創業者，チェ・ジョンヒュン氏は25歳で「鮮京織物機械」の社員にすぎませんでしたが，**図表3-6**のように1950年朝鮮戦争以降の政治経済状況を契機（アメリカの経済援助，軍事援助）としてビジネスを飛躍させました。当時の韓国政府は，このように少数の勢いのある新興の企業に資金および許認可を集中的に供与することによって，北朝鮮に比べて農業に依存する割合の多かった韓国経済を短期間で工業化させようとしたのです。

　1960年代から70年代まで強権的な政権をになったパク・チョンヒ政権は開発独裁と日本を中心とした海外からの資金・技術の導入を図り，韓国の大企業グループの成長を後押ししました。まず，第一次五か年計画（1962〜66年）では銀行国有化と政策金融の充実，輸入代替政策から輸出振興政策へ舵を切りました。また，1965年**日韓国交正常化**（日韓基本条約，請求権・経済協力協定）により賠償資金を獲得し，高速道路と浦項総合製鉄（POSCO）などを建設・設立しました。続く，第二次五か年計画（1967〜71年）および第三次五か年計画（1972〜76年）では馬山自由貿易地域設置（輸出する外資企業を優遇），6大基幹産業（鉄鋼，非鉄金属，自動車・機械，造船，電子，化学），POSCOへの八幡製鉄所と富士製鉄（現・日本製鉄），日本鋼管（JFE）の協力，日本輸出入銀行（国際協力銀行）資金の導入を実現しました。1970年代には重工業ブームが起こり，特に現代は建設業から重工業，自動車へと発展し，三星（サムスン）は商社，造船，化学，電子に注力しました。輸出促進をするために多くの日本企業と技術提携するケースが目立ちました。大手の財閥はアジア通貨危機による深刻なリストラクチャーを乗り越えたのち，先端技術製品の量産で成長しました。

　同族経営の大企業はパク政権などの中央集権型保守政権による低利資金融

図表 3-6　韓国五大財閥の成立過程（～1980 年代）

財閥グループ	創業年	沿革
三星グループ（李家）	1938	戦前は三星商会として中国東北部（旧満州国）の旧日本軍へ，朝鮮戦争時にはアメリカの韓国援助物資の配給に従事。戦後はイ・スンマン政権の「特恵財閥」として成長。パク政権で多角化。1970 年代，三洋電機等との提携で電子分野の基盤を築く。電子・化学等を中心に発展。
現代グループ（鄭家）	1947	現代建設として，朝鮮戦争時に米軍からの飛行場建設等の工事受注で，基盤を固める。建設を中心に，自動車，海運，造船，重機械，化学，鉄鋼とパク政権で重工業を担う「維新財閥」として発展。
ラッキー金星グループ（具家，許家）	1947	釜山で化粧品の製造販売。プラスチックや歯磨き粉で得た資金でラジオ生産展開。その後，油脂，プラスチック，合成樹脂の総合化学メーカーの道を歩む。金星社を設立，日立製作所との提携で家電部門を発展させる。その後も松下電器（現・パナソニック），東芝と提携し，大発展。
大宇グループ	1967	キム・ウジュン氏が脱サラして創業した貿易会社，大宇実業が出発点。パク政権との関係が深く，政府に依頼された企業や，経営不振の大企業を次々と買収して財閥化。あらゆる産業の企業を所有するため，「デパート財閥」と呼ばれた。
鮮京グループ（崔家）	1953	旧日本企業の財産の払い下げを受け，大きく育てた。鮮京織物から出発。「繊維財閥」と呼ばれた。その後，カジノリゾート，機械，自転車，食品，合板，化学に拡大。日本の帝人や伊藤忠と提携。

（出典）各種資料より筆者作成

資と独占的な利権付与にて韓国経済の成長を輸出で牽引する経済成長の先兵なって大きく成長し，「財閥化」を遂げることになりました。1980 年代にはそれまで供与を受けていた日本からの**ODA**（**経済援助**）は終わりつつありましたが，日本の中曽根政権は韓国に対し，特別に ODA の延長と低利融資（いわゆる「中曽根 40 億ドル経済協力」）を行いました。この結果，軍事支出の負担に苦しんでいた韓国政府は多額の海外資金を国内のインフラ整備，

社会・教育などの脆弱な分野に投入することが可能になったのです。

2. 韓国財閥のグローバル化

1985年のいわゆるプラザ合意後の日本円の為替高で日本企業は急速に輸出競争力を弱める一方で、徐々に韓国製品は日本製品との品質の差を縮めつつありました。さらに安い韓国通貨ウォンによる低価格競争力を活用し、北米市場等において日本製品のシェアを奪っていきました。日本製品との品質差の縮小は例えば、現代自動車への日本の三菱自動車等からのエンジン技術の供与、サムスン電子への三洋電機からの技術供与、三星自動車への日産自動車からの技術供与が挙げられます。

1997年のアジア通貨危機により対外債務比率の多い韓国経済はIMF（国際通貨基金）の管理下に入り、特に海外からの借り入れを成長の牽引力にしてきた大企業は大規模なリストラを迫られるようになりました。このリストラは革新政権のキム・デジュン政権によって主導され、「ビッグディール」政策と呼ばれました。この時の財閥再編成と分野専門化を進める中で当時の30大財閥の約半数が破綻しました。しかし、これにより韓国財閥は事業のスリム化により競争力を増していきました（**図表3-7**）。韓国政府は多くの国と二国間の**FTA**（**自由貿易協定**）を締結して海外市場を確保し、輸出振興を再度成功させました。さらに国内で人員削減が続き、活躍の場を失いつつあった日本の技術者を招聘し、さらなる生産技術の高度化に成功しました。2000年代末にはすでに、電気電子、鉄鋼、造船等の分野で日本企業のシェアを追い越すか、同等の地位を確立するまでになりました。

3. 財閥主導のビジネス文化と社会からの批判

2000年代頃から韓国の財閥に対する韓国社会の批判が高まり始めます。

図表 3-7　韓国を代表する企業グループ

順位	グループ名	実質のトップ	時価総額 (兆ウォン)	企業数
1	サムスングループ	李家	424.9	59
2	現代自動車グループ	鄭家（鄭夢九）	234.7	54
3	SK グループ	崔家	225.5	125
4	LG グループ	具家	225.5	70
5	ロッテグループ	辛家（重光家）	121.5	86
6	POSCO グループ（非同族）	株式会社 POSCO	80.3	35
7	ハンファ	金家	71.7	86
8	GS グループ	許家	66.8	69
9	現代重工業グループ	鄭家（鄭夢準）	62.9	30
10	農協グループ（非同族）	農業協同組合中央会	60.6	58
11	新世界グループ	李家	44.1	41
12	KT グループ（非同族）	株式会社 KT	36.6	44
13	CJ グループ	李家	34.5	77
14	韓進グループ	趙家	33.6	31
15	斗山グループ	朴家	29.3	25

(注) 五大財閥は現在では名称が以下のように変わっています。
　　 三星→サムスン，現代→現代，現代重工，現代自動車等に分裂，ラッキー金星→LG，大宇→アジア通貨
　　 危機以降大幅に縮小，鮮京→SK
(出典)『週刊東洋経済』2020年6月27日号
(原出典) 韓国公正取引委員会リリース「2020年度公示対象企業集団64か所を指定」

それは財閥と保守政権との癒着や不透明な**家族経営**（所有と経営の不分離）
に起因する傍若無人な創業一族のふるまいが一般国民からの批判にさらされ
るようになったからです。また，経済的には自由主義的な経済政策により，
貧富の差が広がったという社会情勢も財閥への批判を高めました。海外投資
家からも経理・資金の不透明さや創業家による人治的企業統治に懸念の声が
高まっていきました。

日本企業との関係では2000年初めのキム・デジュン政権が禁止していた日本文化の輸入を解禁し，日本でも「韓流ブーム」が起こるなど，比較的良い関係が続いていました。ユニクロやデサントなど日本ブランドも韓国では人気がありました。しかし，国内政治の変化に伴い戦前の日本統治時代などの歴史問題が政治化され，日系企業のビジネスにも影響を与えるようになりました。特に韓国は日本と異なり大統領制であり，政権の交代による政策の振れ幅が大きい点がリスクであり，ビジネス文化の特徴ともいえます。

Ⅵ │ 中国のビジネス文化と政治の影響

1. 政府のビジネス支援と外国資本・技術の導入

　1978年以降，中国は「**改革開放政策**」を始めます。この時期は国営企業の競争力強化が株式化と民営化を通じて行われました。この過程で外資系企業との提携（外資合弁企業設立）による技術導入を推進し，特に製造業に関する技術を海外から獲得した。これ以降，外国から導入した技術を自国流に高度化する動きが機械，電機分野で見られるようになりました。

　しかしながら，特に重要な産業においては外国企業が中国に子会社を設立する際には一定の制約をかけました。例えば，自動車製造分野では合弁子会社においては中国側優位の出資比率を要求し，取締役会で中国側の意思が通

図表 3-8　1990 年代の中国政府の外資導入による自動車メーカー提携の組み合わせ

◇第一汽車のパートナー＝フォルクスワーゲン（独），トヨタ（日）
◇東風汽車のパートナー＝ホンダ（日），ルノー日産（日仏），プジョーシトロエン（仏）
◇上海汽車のパートナー＝フォルクスワーゲン（独），GM（米）
◇広州汽車パートナー＝ホンダ（日），トヨタ（日）

(出典) 土屋他 [2007]

るような規則作りを推進しました。すなわち，国益に関わる「戦略的な産業」と見なされる産業分野では，中国政府の厳しい認可を通過しなければなりませんでした。自動車を例に挙げると，中央政府によって指定された国有企業のみが外資企業との合弁会社を設立できました（**図表3-8**）。

　やがて，中国政府は1992年から「**社会主義市場経済**」を唱道し，民間企業のより自由な発展を認めるようになりました。この結果，各地で様々な民間の企業家が現れ，事業を行うようになりました。地方政府も地域の民間企業や地方政府出資の企業への資本注入や政策支援を行いました。例えば自動車では民営企業からスタートした浙江省の吉利汽車，安徽省の奇瑞汽車が独自の技術で海外市場へ進出するまでになりました。吉利は当時のアメリカ自動車第3位のクライスラーに **OEM** 供給を行うまでに技術力を向上させました。現在では奇瑞汽車は国有の自動車メーカーと並んで中国の自動車ビッグ5（第一汽車，東風汽車，上海汽車，長安汽車，奇瑞汽車）の一角を占めています。また，一介の電池メーカーであった広東省の **BYD** は今や電気自動車などの新エネルギー自動車を製造しています。

　情報機器ではレノボのブランドで知られる北京の聯想集団（現在は香港に本社。IBM のパソコン事業部買収で世界市場に飛躍），ソフトウエア開発では遼寧の東軟集団（日本のクラリオンからの外注ビジネスを発展），家電では山東省の地方企業から発展したハイアール，広東省の美的集団があります。通信インフラでは広東省の華為（ファーウェイ），上海の ZTE がよく知られています。情報技術を活用した流通ビジネスでは浙江省のアリババグループ，北京の京東集団があります。巨大流通グループも出現しました。北京で創業した家電量販の国美電器，南京の蘇寧電器（日本のラオックスを買収），大連の大連商場グループです。こうした企業の多くは改革開放政策に刺激された起業からスタートしています。

2. 資本輸出による海外市場進出

　2000 年代後半に入ると中国企業は海外の知的資産すなわち，技術とブランドを一挙に獲得することをめざすようになりました。資本力にものをいわせた海外企業買収によってそれを実現しようとしたのです。例えば，旧三洋電機の白物家電部門を中国の大手家電メーカー，ハイアールが買収し，AQUA ブランドとして日本市場に本格的に進出した例が知られています[9]。ハイアールはアメリカはじめ海外の白物家電市場でも成功し，大きな市場占有率を獲得するまでになっています。レナウンは 2013 年に中国・山東如意科技集団の傘下に入ったものの，中国市場における展開は不振に終わりました[10]。この他東芝の白物家電部門が中国広東省の美的集団，テレビ事業部が中国山東省の海信集団の資本下に入っています。

　2010 年代に入ると，中国政府は企業との結びつきを強めるため，民間大企業の株式を買い増して大株主になったり，また国有企業の合併統合を政策的に推進し，影響力を強め，市場の自由な動きをある程度コントロールしようとしているように見受けられます。この背景には，大企業の経営者を共産党や政府の影響下に取り込む政治の流れがあるといわれています[11]。中国では，企業は政府の政策に敏感にならざるを得ない状況が生まれつつあります。

3. 政治に左右される中国の消費文化の難しさ

　中国では経済発展に伴って，**ナショナリズム**の高まりが見られます。「外

9　三洋電機はパナソニック（電池部門）とハイアール（中国）（白物家電部門）に分割して買収された。

10　レナウンは 2020 年 5 月に独立した企業としては，その歴史を閉じた。

11　「国進民退」（国有企業が台頭して，その競争に民間企業が敗れつつあることを指す）という言葉も生まれている。

国企業の製品やサービスは、中国の消費者に対しては品質の低いものが提供されているのではないか」、「外国輸出用の品質は中国国内販売用のものよりも高いのではないか」などの根拠のない意見で外国製品がボイコットされたり、政治問題で不買運動の対象になったりしてきました。とりわけ、政治に関連する問題ではメディアは政府寄りのことが多いため、外国ブランドには批判的になる傾向があるといわれています。そのような中で、外国企業も自国と同等以上の製品やサービスを投入するように神経を使っています。

　例えば、1999年、本田技研工業（ホンダ）は、広州汽車との合併会社として広州本田汽車有限公司を設立し、乗用車を中国で生産（ノックダウン）を開始しました。ホンダはフランスのプジョー撤退後の工場を引き受けて参入しました。当初、中国側から「シビック」を年間10万台生産する計画を持ち込まれましたが、ホンダ側はより高価で日本でもヒット車となっていた「アコード」を3万台生産することを逆提案したといわれています。蓋を開けてみればこの「アコード」は大ヒットし、実際にフルライン装備付の最高級タイプ車が爆発的に売れたのです。ディーラー網の展開においても最高のサービスが提供できるように着実に進め、故障通報後20分以内に現場に駆けつけ、24時間サービスを行うサービス店もあったといわれています。こうして、ホンダはプジョーの撤退工場を再生させ、中国政府に「模範的な外資企業」と称賛されたこともありました。一方で、中国大手メーカーの広州汽車、東風汽車と提携しているにもかかわらず、2000年代以降に政治面で日中関係は悪化したため、中国内で「反日運動」等が起こり、販売シェアの低下に直面したことがあります。

　様々な困難を乗り越えて、中国市場で高い評価を得るに至った事例としてはイトーヨーカドーがあります。同社は1996年に成都市に合弁子会社を設立し、1997年に1号店を開店しました。成都市には当時、総合スーパー（GMS）はなかったので、イトーヨーカドーは日本の最先端のノウハウ（POSシステム、単品管理）を持ち込みましたが、取引先確保、商品仕入れ

（特に生鮮食品），テナント誘致，社員教育等多くの点で日本との商習慣等の違いに起因する苦境に陥ったといわれています。しかし，品ぞろえに対する現地ニーズの一層の取り込みを図るとともに，社員教育とサービスレベルの全面的な見直しを行いました。2005年には当時の中国にはなかった新聞折り込みチラシを入れたり，イベント（クリスマス，バレンタインデー）の仕掛けやオリジナル商品の開発を行いました。この結果，「イトーヨーカドーに行くと何か面白いものがある」との評判が口コミで広がり地元の成都市民に親しまれるようになりました。2012年の「**反日運動**」により店舗の一部が破壊されるなどの試練に見舞われましたが，多くの市民の支持があり，また総経理（社長）になるまで育ってきた中国人スタッフの活躍で地域に根差した総合スーパーとして確固たる地位を築いています。中国市場で成功するには政府の政策に沿うオペレーションを行うとともに成熟した消費者の目にかなうレベルの高い製品・サービスを投入することが求められています。

おわりに

　アジアは最も潜在力ある市場であるといわれますが，消費者，労働者，企業，政府において日本と異なった様々な特徴を持っており，日本市場で確立したビジネス手法が単純には通用しないことが多いといえます。多様な民族が複数の国をまたいで生活している場合もあり，場合によっては国境と市場の範囲は一致しないと考えることもできるでしょう。こうした特徴を理解し，日本とのビジネス文化との差異にできるだけ迅速に対応することがアジアビジネスに対峙するための必要条件です。すなわち，日本のビジネス文化に基づいた思いこみや机上の経営知識に基づいた先入観でアジアビジネスを行うことは得策ではないということです。アジアの人々と個人的な交流を持つこと，アジアに実際に行ってみることが，ビジネスを行う前提として重要

であるといえましょう。

▶参考文献

浅海信行［2008］『韓国・台湾・中国企業の成長戦略』勁草書房。

NHK スペシャル取材班［2009］『インドの衝撃』文藝春秋。

小林伸夫［1995］『台湾経済入門』日本評論社。

小林守［2020］「東南アジア・インド企業グループの文化的背景と経営スタイル―出身地に由来する同郷的・家族的紐帯の視点から」『専修大学人文科学研究所月報』第 307 号，1-26頁。

小林守・松尾貴巳・田幸大輔［1996］『香港返還―97 年問題と今後の香港シナリオ』日本能率協会マネジメントセンター。

近藤伸二［2012］『アジア実力派企業のカリスマ創業者』中公新書。

澤田貴之［2020］『アジア新興国のビジネス―スタートアップから財閥まで』創成社。

須貝信一［2011］『インド財閥のすべて―躍進するインド経済の原動力』平凡社。

高木桂蔵［2005］『客家の鉄則―世界を動かす"東洋のユダヤ人"』ゴマブックス。

タニン・チャラワノン［2016］「私の履歴書」『日本経済新聞』。

土屋勉男，大鹿隆，井上隆一郎［2007］『世界自動車メーカーどこが一番強いのか？』ダイヤモンド社。

西原哲也［2013］『李嘉誠―香港財閥の興亡』エヌ・エス・エー。

日本経済新聞社編［2007］『インド―目覚めた経済大国』日本経済新聞社。

マーケティング史研究会編［2010］『日本企業のマーケティング』同文舘出版。

村松潤一編著［2012］『中国における日系企業の経営』白桃書房。

湯谷昇羊［2010］『巨龍に挑む―中国の流通を変えたイトーヨーカ堂のサムライたち』ダイヤモンド社。

吉原英樹，白木三秀，新宅純二郎，浅川和宏［2013］『ケースに学ぶ国際経営』有斐閣。

『日経産業新聞』，『日本経済新聞』，『週刊東洋経済』等も参照。

ビルの設計から経営・投資判断まで
左右する?! 香港の風水事情

　香港において，人々の生活に深く根づき，ビジネス上でもその存在を避けて通ることができないのが，風水です。

　そもそも風水とは，山河の地勢や平野の地形，海岸のありさま，樹木など街や建物の様子が宇宙の根源的エネルギーである「気」の流れを方向づけ，人間の運命を左右するという地勢学とされています[i]。詳しくいえば，時空間を支配し人の精神に影響を与える地磁気は，空中にあって風のようなものなので「風（フォン）」といい，人生は水の如く前述の地形や建物の建ち方などに沿って流れていくとのことから，それらの物を「水（ソイ）」と称するそうです[ii]。さらに，これら「気」の流れや地形に加えて，月と太陽の位置関係や方角が複雑に絡み合って，風水における総合的な吉凶が判断されます[iii]。筆者は風水に関して大変浅学ですが，簡単にいえば風水とは，「良い気」を自身に取り込み，「悪い気」を跳ね返していくために，どのような物をいかにして用いていくか，配置していくかを考える学問，環境学ではないでしょうか。

　この風水に関する香港の事物・エピソードは事欠きません。例えば風水に特に凝る人はその日にやっていいこと・悪いこと，行っていい方角・悪い方角を暦（通勝）で調べて行動する（左折してはいけない，床屋不可，麺を食べると良いなど）[iv]のはもちろん，一般的な香港人でも墓の建立や家の購入・引っ越し・模様替えの際に専門の風水師を雇うことが多く[v]，子供の名前も風水を考慮して付ける例も珍しくありません[vi]。また，ビルを建設する際にも設計士と出資者，風水師の意見が異なった場合には風水師の意見が採用されるという話[vii]や，

レパルスベイ（淺水灣）のマンション

九龍地区の獅子山からネイザンロード（彌敦道）を突き抜けて流れていた龍脈（非常に強いエネルギーを持つ気の流れ）が，ビクトリア港沿いに建てられた香港芸術館のせいで左へわずかにずれ，そのせいでネイザンロード沿いの全ての商店が以前のような景気の良

香港上海銀行本店（右）と中国銀行ビル（左端）
中央の高層ビルは李嘉誠氏の長江センター

さを取り戻せないという話[viii]，龍脈を遮らないために建物の中央に大きな穴が開いているレパルスベイ（淺水灣）のマンション[ix]など，風水は常に香港の人々の身近にあるものなのです。

　風水に関する話の中でも特に有名なものが，セントラル（中環）にある香港上海銀行（HSBC）本店と中国銀行ビルの物語です。英領香港の中央銀行としての役割を担ってきたHSBCの本店ビルは1985年に完成し，高さ178m，その外観から「蟹ビル」との別称もあります。ビクトリアピークからビクトリア港へ流れる気を流すためにグランドフロアを丸々何もない吹き抜けにする[x]など風水的設計を多く取り入れたビルで，完成当時世界で最も建築費のかかった建物といわれていました[xi]。一方，HSBC本店から目と鼻の先，徒歩2〜3分のところにある中国銀行ビルは高さ367m，1990年に完成しました。パリ・ルーヴル美術館のガラスピラミッドの設計でも知られるイオ・ミン・ペイ氏の作品で，鋼鉄製の白いトラスの枠組み，無数の三角形を組み合わせた幾何学的なデザイン，ビル全体を覆う青灰色のハーフミラーガラスが特徴的なこのビルは，成長する竹をイメージしたといいます[xii]。しかし，このデザインは見方によっては"カッター"のようにも見え，完成と同時に人々の話題となった原因はこのビルの角，いわば"カッターの刃先"が英領香港総督府と前述のHSBC本店に向けられているということでした。この"刃"による風水的効果は大きかったようで，中国銀行ビルができてから総督府内の大木が枯れ，当時のウィルソン総督はケガをしてしまいました[xiii]。その後，総督府側も構内の中

庭にある池を四角形から円形に，加えてそのそばに柳を３本植えるといつ風水的対抗手段をとったとのことです[xiv]。また HSBC 側も，形状が中国銀行ビルに向けられた大砲のように見える窓拭き用のゴンドラを，新たに本店ビルの屋上に設置したといわれています[xv]。さらに 1992 年にワンチャイ（灣仔）に完成した高さ 374m のセントラルプラザ（中環廣場）も，この中国銀行ビルの"刃"に対抗するためにヤスリの形を意識して作られているとの話もあり[xvi]，このことからも香港において風水は，政界・経済界も無視できず，時にはビルの形まで変えてしまうほどの大きな存在であるということが理解していただけるのではないでしょうか。

　日常のビジネスにおいても，風水は厳然たる影響力を持っています。特に投資家や株式市場関係者の中には風水の吉凶を大事な判断材料とする人々が多く，「迷った時は風水も参考にする」と話す証券会社トップや「経済理論面での根拠があるわけではないが，風水は当たる」と語るファンド役員も実際に存在します[xvii]。また広東省東莞市で電子部品工場を営むある経営者は，５年間連続の赤字や中国本土でのリストラの難しさを風水師に相談したところ，工場の裏手の三角形の庭に木を植えるように勧められ，その通りにした結果，工場を取り巻く気の流れが変わり，わずか１年で黒字に転換したと語っています[xviii]。

　さらに近年では，海外市場からの撤退の是非，IPO（新規株式公開）のタイミングなど重要な意思決定に風水を生かそうとする企業も少なからずあり[xix]，オーストラリアの大学で MBA（経営学修士）を取得したのちに投資専門の風水師となった「MBA 風水師」や[xx]，韓国やシンガポール，カナダなど海外から電子メールやグーグルマップで建物の場所やレイアウトを送ってもらい，それらと電子コンパスを用いて風水の吉凶を求める「新世代型風水師」が登場するなど[xxi]，風水に対する関心は冷めるどころか，ますます過熱しつつあります。

　また，香港の著名な投資銀行 CLSA（中信里昂証券）が毎年春節（旧正月）前に発表する風水による新年の相場予想も，人々の大きな注目の的となっています。これはこの世の森羅万象は木・火・土・金・水の５つからなるとする「五行説」に基づき，石油会社は「火」，自動車や機械，金融は「金」，海運会社を「水」などと分類して季節ごとの有望業種を予測するものです[xxii]。ちなみに 2022 年は干支（子・丑・寅などの十二支と甲・乙・丙など十干を組み合わ

せたもの）が「壬寅（みずのえとら）」にあたり，「水」に関連する業種が大吉[xxiii]。買い銘柄には貿易や海運，ホテル，観光関連を選びました[xxiv]。また「木」に属する教育や衣料なども吉，難局を脱し，元宵節（春節から数えて15日目の最初の満月の日）の後が最も運勢が良いとしました[xxv]。その一方で，建設や不動産，金融が含まれる「金」は凶とのことです[xxvi]。

　以上のように香港では，風水が人々にとってとても重要な存在，判断材料です。したがって，風水を自身が信じるか否かにかかわらず，そのような価値観や習慣，背景を理解しようとする誠実な姿勢は，現地の社員や取引先との人間関係を築いていくには欠かせない非常に大切なものではないでしょうか。そしてその結果，周囲の人々から得ることのできた信頼や団結は，どんなに多くの資金を投入しても得ることのできない，ビジネス上の，そして人生におけるかけがえのない財産となることは間違いないと筆者は考えます。

（注）
i　　大橋健一［1997］『香港記』NTT出版。
ii　　島尾伸三［1984］『香港市民生活見聞』新潮社。
iii　　注iと同じ。
iv　　注iiと同じ。
v　　注iと同じ。
vi　　『日本経済新聞』2017年1月17日「今年の有望株は『金』風水盛んな香港のプロに聞く」https://www.nikkei.com/article/DGXMZO11725370W7A110C1000000〔2022年2月10日閲覧〕。
vii　　小柳淳編［2000］『新香港1000事典』メイプルプレス
viii　　小柳淳・田村早苗編［2007］『現代の香港を知るKEYWORD888』三修社。
ix　　池上千恵［2013］『香港無問題　香港ローカルなりきり旅』JTBパブリッシング。
x　　注ixと同じ。
xi　　中嶋嶺雄［1997］『香港回帰』中央公論社。
xii　　内藤陽介［2007］『香港歴史漫郵記』大修館書店。
xiii　　注xiiと同じ。
xiv　　注xiiと同じ。
xv　　日本経済新聞（2016年1月5日）「風水息づく金融都市香港，今年の推奨は『ネット株』」https://www.nikkei.com/article/DGXMZO95717560U6A100C1000000〔2022年2月10日閲覧〕。
xvi　　注xiiと同じ。
xvii　　注xiiと同じ。
xviii　『日本経済新聞』2017年7月31日「香港の風水，企業人たちの心支える」https://www.nikkei.com/article/DGXMZO19382900Y7A720C1X17000〔2022年2月10日閲覧〕。
xix　　注xviiiと同じ。
xx　　注xvと同じ。
xxi　　注xviiiと同じ。
xxii　　注viと同じ。
xxiii　『日本経済新聞』2022年1月19日「『岸田首相は順調』春節恒例，香港の風水占いが予言」https://www.nikkei.com/article/DGXZQOFL00027_Z10C22A1000000〔2022年2月10日閲覧〕。
xxiv　注xxiiiと同じ。
xxv　　中信里昂証券［2022］『中信里昂証券風水指数2022行業点睛』https://www.clsa.com/special/FSI/2022/cn/?section=sectors〔2022年2月10日閲覧〕。

xxvi 注xxvと同じ。

（文・写真　小林慧）

第 4 章

人材採用の異文化マネジメント
——東アジア高度人材の国際間移動

🖊 本章で学ぶこと

　グローバル化の進展で，韓国，台湾，中国，日本等東アジアで高度人材の相互流入が増えています。地理的に近いことも一因ですが，緊密な経済や産業のネットワークも重要な要因の一つです。近年，中国，インド等の新興国市場が次々と立ち上がる中で，これらの国のニーズを開拓できる高い語学力とマーケティング能力に優れた人材が求められるようになりました。日本企業は，国内でのグローバル人材の育成が難しいことから，近隣の韓国，台湾，中国等の人材を採用するようになり，労働市場，職場文化の違いや異文化ギャップを調整するために人材サービス業者が活躍するようになりました。人材サービス産業は，企業と人材のマッチメーカー（仲介者）としてグローバル就職活動の時代を支えています。

🔍 キーワード

- 人材採用
- グローバル化
- 東アジア
- グローバル人材
- 人材の国際間移動
- 高度人材
- 異文化マネジメント
- 人材サービス
- 産業競争力

はじめに

　近年，グローバル化が進み，人々が海外に移住したり，就業したりすることが珍しいことではなくなりました。18世紀後半に始まった産業革命は，蒸気機関車や蒸気船等の登場で，交通機関が飛躍的に発達し人々の移動を容易なものにしました。20世紀に入ると鉄道や船舶に加えて航空機で世界を自由に飛び回れるようになったのです。交通の利便性が進むとともに海外旅行や留学したり，海外で仕事をしたりする人も増えました。そして，最近ではインターネットを利用して様々な現地の情報に触れることができるようになったため，海外という活躍の場がより身近なものになりました。しかし，海外で働きたいと考えていても，言語や文化，仕事の慣行が異なる異国で自分に合った仕事を見つけることは難しく，また，海外の優秀な人材を採用したいと思っても，そのような人材をどこで見つければよいのか，企業等組織の採用側にとっても難しい問題です。

　交通機関やインターネットの発達で，人材が海を越えることは容易になりました。しかし，海外で仕事をしたいと考えている求職者にとっても，また，海外の人材を採用したいと考えている企業や組織の採用者側にとっても，経済学でいうところの「情報の非対称性」という問題はますます深刻なものになっています。「**情報の非対称性**」，または「情報の不均等」とは，商品やサービスを提供する側と，それを購入する側とで情報のミスマッチが起こったり，情報が十分に伝わらなくなったりする問題です。すなわち，求職者にとって海外での就業に関する正確な情報は国内で圧倒的に不足しており，また，海外人材の採用を検討している企業にとっても，人材の情報を得ることが極めて難しいのです。

　海外での就業に役立つ情報は，留学生や海外在住の外国人居住地やコミュニティにインフォーマル（非公式）な形で集まる傾向があり，一般の就職活

動や企業のフォーマルな採用活動にこのような外国人の人材に関する有益な情報は反映されない傾向があります。グローバル人材の重要性が叫ばれているにもかかわらず，国際的な労働市場では，人材を求める人や組織が保有する情報が圧倒的に不足していたり，ミスマッチが起こったりする「情報の非対称性」，「情報の不均等」が常態化しているのです。

　そこで，本章では，グローバル労働市場で活躍する東アジアのホワイトカラーや高度な専門知識を必要とするエンジニア等高度人材の国際間流動，すなわち，台湾，韓国，日本の高度人材がどのようなきっかけで海外をめざすようになったのかについて考えていきます。具体的には，彼らがどのような背景から海外をめざすようになり，また，どのような方法で海外就業の情報を集め，文化や社会構造，労働慣行の違いを乗り越えて海外の職場で働くようになったかについて検討します。さらに，海外の求職者と企業の「情報の非対称性」，すなわち情報のミスマッチを解消するために企業側と求職者を結びつけるグローバルな人材サービス業の果たす役割についても考えていきます。

Ⅰ 「グローバル就職活動」の背景と主なチャネル

　経済のグローバル化が進むにつれて，企業は商品の研究開発や製造に適したロケーションを求めて世界に拠点を置くようになりました。企業の資金調達もグローバルな金融市場で展開されています。アメリカの社会学者，サスキア・サッセンが指摘したように，ニューヨーク，ロンドン，東京といったグローバル・シティが国際的な金融センターとして成長し，世界のクオリティの高い商品やサービスがこれらの国際都市に集まるようになりました。高度な専門的業務を遂行するプロフェッショナルな人材がグローバル・シティの経済活動をコントロールしています。一方，都市部の低賃金労働には

世界中から移民労働者が集まるようになりました[1]。また，世界のイノベーションをけん引するグーグル，フェイスブック，アップル，といったハイテクやインターネット関連の新興企業はサンフランシスコのシリコンバレーに本社を構え，世界中からクリエイティブで優秀な人材が集まっています[2]。

　このようにグローバル化によって，国家による経済のコントロールが難しくなり，先進工業国における国家の力は相対的に大きく低下しています。国民国家や民族主義の概念が弱まり，海外からの労働者を受け入れたり，外国人が働いたりできる場が増えているのです。本章では，特に最近注目されている大卒等の高学歴ホワイトカラーやエンジニア等高度外国人材がどのようなきっかけで海を渡り外国で働くようになったのかについて考えてみます。

　21世紀に入ってから，各国では移民労働者を排斥する動きが活発化しました。これは，経済のグローバル化とともに大量に流入した移民労働者と受け入れ国の人々の間で深刻な文化摩擦が起こり，生活習慣の異なる移民労働者を排除する動きが起こったためです。その一方，最近では外国人労働者の受け入れを規制するというよりも，状況に応じて必要な外国人労働者だけを選別して受け入れるという政策が採用されるようになりました。学歴が高く，プロフェッショナルな能力を持つ高度外国人材を各国が競って受け入れ，国家競争力を引き上げるために彼らの能力を積極的に活用するという潮流が生まれています[3]。

　新古典派経済学の**プッシュ・プル理論**は，労働力の国際間移動の主な理由が経済的格差にあると考えていました。すなわち，先進国は経済規模が拡大しているが，労働力が不足しているため，海外から仕事や相対的に高い賃金を求めて労働者が流入するといった状況を説明しています。1980年代まで，低賃金の移民労働者にしても，また，高学歴の高度外国人材にしても，発展

1　サッセン [2008]。
2　フロリダ [2008]。
3　De Hass et al. [2021]。

途上国から先進国へ移住するケースが中心でした。

　しかし，近年，海外移住先も多様化し，貧困から脱却するために先進国に移住するというパターンだけではなく，先進国から他の先進国への移住，先進国から途上国への移住といった逆パターンも増加しているのです[4]。日本でも1990年代半ば以降，20代から30代の女性が日本の会社を退職して香港や上海，シンガポールに移住して現地で仕事を探したり，働いたりする「アジア就職ブーム」が話題になりました[5]。この背景として，これらの地域の企業は，日本企業と比較すると女性を積極的に採用し，男女で昇進や賃金格差が少ないことが主にあります。

　このように，人材の国際間移動は経済的格差からのみ説明できるものではなくなりました。外国人労働者の受け入れ国と送り出す国との関係性のみならず，構造的な要因が複雑に絡み合ってお互いに必要な人材を海外から受け入れ，人々もまたそれぞれの個別の要因やその国の社会や産業構造の変化等の影響を受けて海外をめざすようになったのです。ウォーラーステインの世界システム論から労働者の国際間移動を考えると[6]，国際間移動を，労働者を受け入れる側と送り出す側の二者間の関係から理解するだけでは不十分であり，世界全体の構造的な要因を考慮することで，外国人労働者の海外移住先の多様化についても理解し易くなるのです。さらに，性別に関係なく働き易い職場のダイバーシティ（多様性）が推進されていること，上下関係がなく上司と部下とのコミュニケーションがスムーズで新しい考え方や意見が採用され，イノベーションが生まれ易い社会的背景や組織構造であることも人材が移動する要因となります。

　酒井のインタビュー調査でも指摘されていますが，2010年までは日本女性の東アジアや東南アジアへの就業や移住がメディアで話題になっていまし

4　Winders［2014］.
5　酒井［2018］.
6　高橋［2014］.

た。しかし，現在では求職者は男女半々で，営業や技術職等の求人が増えて日本人技術者が東アジアで雇用されるケースが増えています[7]。日本の製造業が衰退する中で，中国等東アジア系企業の成長が著しく，日本企業では資金面やコスト的に難しくなっている思い切ったイノベーションや技術革新が行われている場合もあり，日本人のエンジニアが活躍と飛躍のチャンスを求めて中国や台湾等で就業するケースも出てきているのです[8]。

　このように，高度外国人材の海外への流動は東アジアにおける各国の産業競争力の変化等，グローバル経済や産業構造のダイナミズム，各国の文化，社会背景や企業の組織構造の影響を強く受けています。人材の国際間流動に産業競争力の変化が与える影響については次節で詳しく解説しますが，日本に限らず，欧米先進国においても経済成長が頭打ちとなり，資本主義の発展が隘路に直面するようになると，企業が長期雇用や正規雇用を維持し難くなり，解雇や非正規雇用に苦しむ人々が増加します。苦境にあえぐ先進国の若者たちが海外に活路を見出すのも当然といえるでしょう。また，上下関係が厳しく部下が上司に提案し難い組織構造や，性別によって昇進の道が閉ざされたり，賃金で差をつけられたりするなど，多様性に乏しい社会的背景が容認されていると，そのことに不満を感じて海外に活躍の場を求める人々も出てきます。

　先進工業国と途上国との間の経済格差に始まって，先進工業国が資本主義の構造的な危機に直面し経済成長が鈍化，企業の硬直化した組織構造や多様化を容認しない社会的背景など，様々な要因から人々は国境を越えて海外で仕事を探すようになりました。それでは，こうした海外での就業を希望する求職者たちはどのようなきっかけでグローバル就職活動に踏み出すことになったのでしょうか？　本章では，東アジアにおける高度人材の国際間流動にスポットをあてますが，これは，日本，台湾，韓国，中国といった東アジ

7　酒井［2018］42-43頁。
8　Tabata［2012］。

アの国々が地理的に近く，サプライチェーンを相互に構築して緊密な経済的関係を維持していることから，人材の流動も極めて頻繁で，移動し易いためです。

　東アジアで高度人材が海外での就職を意識するきっかけになっているのは，30 代までの若い世代の場合，高校や大学の交換留学，言語の習得や文化理解を目的とする海外の大学主催のサマースクール，学位の取得を目的とする大学の学部や大学院留学，海外でのインターン等です。こうしたチャネルを通じてグローバル就職活動の第一歩を踏み出します。また，前述のように，求職者と企業側を結びつけるマッチメーカーとして，フェイスブック等の SNS を利用するケースが目立っています。グローバル人材を対象とする人材紹介会社を利用する場合も増えてきました。大学を卒業したばかりの若い世代は人材紹介会社を通じて海外就業のノウハウを学び，比較的年齢の高い求職者は，自分の得意とする専門技能にマッチした海外の企業を，人材紹介会社を通じて検討できるからです。

　次に，東アジアの人材が海外就業をめざす歴史的背景や社会的背景について簡単に説明しておきましょう。台湾では，国民党政権の国家主導による開発独裁が長く続き，労働組合の設立が禁止されていました。1980 年代から 1990 年代にかけて，アジアのフォー・ドラゴンズ（香港，シンガポール，韓国，台湾）の一員として飛躍的な経済成長を果たしましたが，その後，中国の追い上げ等で給与水準は下落，長期にわたって組合活動が規制されていたことから民主化後も給与水準の伸びが悪く，台湾の最高学府，国立台湾大学を卒業しても初任給は月収ベースで 14 万円から 16 万円程度です。同大学の大卒 2 年目の年収は，医師や理系人材を除くと 160〜280 万円で[9]，日本の平均的な社会人 2 年目の年収 200〜300 万円を下回ります。

　台湾国内で給与水準が高い職種は医師，研究開発部門のエンジニアで年収

9　『ETtoday 新聞網』2020 年 10 月 8 日「頂台大光環畢業！『15 科系午薪曝光』最低慘炸：才 40 萬」https://finance.ettoday.net/news/1827042。

は370〜600万円にのぼります。こうした職種以外の一般の大卒は年収200〜300万円程度で，日本のような終身雇用制度や年功型賃金も存在しないため，転職しなければ昇給のチャンスはありません。しかし，グローバル経済競争は厳しくなる一方で，半導体や液晶パネル等主要な産業で中国の競合メーカーの激しい追い上げに直面しており，台湾企業の経営体力は相対的に弱まっています。産業の空洞化で非正規雇用が増加，雇用不安にあえぐ若者たちを中心に非婚化・晩婚化が進み，少子高齢化もアジアで最も深刻化しています[10]。

1994年における台湾の大学進学率は57.38％でしたが，2009年には95.56％に上昇しています[11]。儒教思想を重んじる文化的背景から教育に熱心な父母の要請を受け，台湾の文科省に相当する教育部が職業教育中心の専科学校を次々と四年制大学に昇格させたことが主な原因です。大学進学が当たり前といった風潮で，最近では修士号，博士号を取得しなければ一流企業に採用されないと考え，大学院に進むケースも増えてきました。しかし，台湾経済を取り巻く環境は厳しくなる一方で，高学歴人材の受け皿は乏しく，実力に見合った条件の就職先は国内で容易には見つからないのです。台湾経済は主に半導体等のハイテク産業に支えられており，アップル等の有力なアメリカ企業に半導体製品を供給するなどグローバル・サプライチェーンにおける重要な役割を担っています。しかし，ハイテク産業にリソースが過度に集中し，他の産業の育成が軽視されてきました。エンジニアやハイテク産業関連の営業職は高い賃金が得られますが，ハイテク以外の産業の賃金水準が極めて低く，職種も限られており，台湾全体で見ると産業育成の多様化が進んでいません。こうした状況も台湾の人々が海外での就業をめざす大きな要因になっています。

韓国では，大企業と中小企業の賃金格差が大きく，中小企業の給与水準は

---

10 林［2011］。
11 教育部［2010］。

大企業の6割程度で，30代で平均年収は300万円前後です。一方，SKグループやサムスン等の大企業になると約1200万円にのぼり，大企業と中小企業の賃金格差は極めて大きいのです。韓国の大学進学率は約70％と日本の55％を大きく上回っています。しかし，こうした大卒人材が国内のわずか0.1％程度の一流企業をめざすため，採用される新卒者は国立のソウル大学校か，私立名門の延世大学校，高麗大学校等トップ大学の卒業生に限られます[12]。台湾の状況と同様，高学歴人材に見合うだけの好条件の就職先を韓国国内で見つけることは著しく困難です。

　このように，台湾や韓国では大学進学率が日本を大きく上回り，また，新卒採用が主流で大学院卒の就職が一般的ではない日本に比べて大学院進学者が多いという傾向があります。しかし，その一方で，国内に十分な受け皿がないため，海外での就職活動が一般化しつつあるのです。次節では，こうした東アジアの高度外国人材の受け皿として注目を浴びる日本の状況について検討します。

II 東アジアの産業競争力の変化と人材の国際間流動

　現在，東アジアにおける日本，台湾，韓国，中国等の国々の力関係は日本がアメリカをしのぐほどの経済力，技術力を誇っていた30数年前とは全く異なっています。1989年の時点では，日本企業が世界時価総額ランキングの1位から5位を独占していました。時価総額とは株価に発行済株式数を乗じたもので，この金額から企業の経営規模を判断することができます。2019年の世界時価総額ランキングを見ると，アップル，マイクロソフト，アマゾン・ドット・コム，フェイスブック，グーグル等のアメリカ企業がトップを

---

12 安 [2020]。

占め，さらに，アリババ・グループ・ホールディングスやテンセント・ホールディングス等の中国企業がベストテンに食い込んでいます。1989年の時点では，上位50社中32社を日本企業が占めていましたが，2019年のランキングは，アメリカ企業が31社，中国企業が7社ランクインし，日本企業は43位にトヨタ自動車がランクされているのみです[13]。

　1989年当時，大手通信事業のNTT，日本興行銀行，住友銀行，富士銀行，第一勧業銀行といった金融大手がIBM等のアメリカ企業を抑えて大きく成長していました。しかし，その後のバブル崩壊で景気が悪化，銀行は不良債権を抱えて経営不振に苦しみます。さらに1990年代に入ると韓国や台湾企業が半導体や家電等，製造業で日本企業の技術水準にキャッチアップし，追い打ちをかけるように金融自由化の影響で大手証券や銀行の経営が危機に直面しました。長らく国家の庇護の下，国内企業に資金を安定的に供給していたメガバンクですが，自由化政策で厳しい市場競争に叩き込まれ，最近ではフィンテック企業の台頭でさらに苦戦を強いられています[14]。

　このように，日本企業のグローバル経済における立ち位置が30年前と大きく変わったため，東アジアにおける人材の国際間移動も顕著に影響を受けています。前述のように，日本の製造業が競争力を失う中で，日本人技術者が台湾，韓国，中国の企業に雇用されるケースが増えています。また，日本企業も，中国，東南アジア，ロシア，インド，東ヨーロッパ，アフリカ等新興国市場のニーズに合った製品を生産し，販売できるような能力を持ったグローバル人材を海外から採用する必要に迫られています。

　1980年代に無敵を誇った日本の製造業は当時，日本企業が優れた品質を武器に世界市場を席巻しました。これを筆者は「**品質偏重型コモディティチェーン**」と名づけています[15]。コモディティチェーンとは，商品が生産者

---

13 『STARTUP DB』2019年7月17日「平成最後の時価総額ランキング。日本と世界その差を生んだ30年とは？」https://media.startup-db.com/research/marketcap-global。
14 佐藤［2020］。
15 Tabata［2021］。

から消費者に届けられるまでの一連のプロセスを意味しています。具体的には，商品の企画や研究開発，マーケティング，原材料や部品等の中間財の調達，最終製品の組み立て，販売店への出荷を経て，最終製品が消費者の手に届けられる一連の流れです[16]。企業が商品を企画し，製造し販売するコモディティチェーンにおいて，日本企業は品質向上に注力し，より高い品質の製品を消費者に提供する努力をしてきました。

品質至上主義ともいえるこの「**品質偏重型コモディティチェーン**」において，日本企業はまず，日本国内の品質に並々ならぬこだわりを持った消費者が満足できるような製品を提供しようと考えたのです。東アジア市場において，中国を除くと日本の総人口は約1億人と規模が比較的大きいです。また，近隣の韓国，台湾，中国に比べて経済成長のテイクオフ時期が早かったため，十分な購買能力を持ち，商品の価値を熟知した消費者が多く存在しています。こうした要因から，日本企業は，国内市場のニーズを満足させることに注力しました。

日本企業が製造する自動車，半導体，家電製品等，高い品質と耐久性が評価され，国内市場のみならず，世界市場でも注目を浴びるようになります。しかし，日本製品のグローバル市場における栄華は長くは続きませんでした。前述のように，バブル崩壊で日本経済が衰退期に入ると，1980年代から後半にかけて次々と民主化を達成した韓国や台湾の製造業が日本の技術力に追いついてきます。韓国は1980年代まで軍事独裁政権による支配が続き，強権的な経済政策は製造業の急速な成長を促しました。その後民主化が達成されると国民の自由な発想や創造性が発揮されるようになり，政治や社会，文化の成熟を促し，産業全体のステップアップやイノベーションにつながったのです。さらに，中国等の新興国市場の登場で，こうした市場のニーズにマッチした手頃な価格で質の良い商品が求められるようになりました。そこで登場するのが「**消費者重視型コモディティチェーン**」です。

---

16 Bockel and Tallec［2005］p.4.

製品開発で消費者のニーズを重要視するのは当然のことですが，実際に
ニーズを的確に把握して開発に生かすことは至難の業です。日本の製造業は
特に日本人の品質に対する高いこだわりを反映した商品づくりをめざしてき
ました。この「品質偏重型コモディティチェーン」において，既存のマー
ケットのルールを塗り替えるような製品コンセプトのダイナミックな変化を
求めるよりも，マイナーチェンジを繰り返しながら品質の徹底的な改善を
行っていく姿勢が重要です。すなわち，衝突を生むような大胆な改革を嫌
い，和を尊び，落ち着いた環境でよりクオリティの高い商品やサービスを享
受したいという日本人の消費文化を的確に反映したものなのです。

　一方，韓国や台湾企業が展開する「消費者重視型コモディティチェーン」
戦略は，日本という特殊な市場ではなく，中国等の新興国市場を含む世界市
場のニーズを考慮しています。品質にこだわりのある特殊なマーケットを狙
うのではなく，消費者のニーズに合わせて必要な品質レベルの製品やサービ
スをリーズナブルな価格で提供します。韓国の人口は約5000万人で日本の
半分ほど，さらに台湾の人口も2500万人とさらに少なく，国土は九州程度
の広さしかありません。そこで，韓国と台湾企業は海外市場の開拓を意識せ
ざるをえませんでした。1990年代以降，韓国や台湾企業は，中国等の新興
国市場に日本との技術提携や協力関係を通じて学んだ技術力を生かして切り
込み，現地の消費者の生活水準や生活様式にマッチした商品やサービスを
リーズナブルな価格で提供しているのです。

　このように，過去20年から30年間のグローバル経済の発展過程で，東ア
ジア各国の勢力地図に大きな変化が起こりました。すなわち，1980年代に
アメリカ経済に脅威を与えた「品質偏重型コモディティチェーン」におい
て，日本企業が日本の国内市場向けに特にクオリティにこだわった製品を提
供し，価格を抑えるために一部の製造工程を台湾や韓国企業にアウトソーシ
ングしたため，後発のこれらの企業が日本の技術を学ぶ機会となりました。
1990年代以降，力をつけてきた韓国や台湾企業がイノベーションにおいて

も実力を発揮するようになり，リーズナブルな価格で質の良い製品をグローバル市場向けに販売するようになったのです。これが「消費者重視型コモディティチェーン」です。このような東アジアにおけるコモディティチェーンの劇的な変化は，日本の雇用市場や東アジアの人材の流動性に非常に大きな影響を与えています。

「消費者重視型コモディティチェーン」において，新興国市場の消費者の様々なニーズに迅速に対応するために，スピーディな技術開発や新商品の投入が不可欠です。日本のものづくりは，終身雇用や年功型賃金に守られて技術者が長期にわたってじっくりと腰を据えて研究開発に取り組むという特徴があります。しかし，その一方で，マーケットの変化に柔軟に対応し難いという欠点があります。新興国市場が次々と立ち上がる中で，日本企業はグローバル市場の変化に迅速に対応できる海外の人材を導入する必要に迫られています。そこで，人材紹介会社を通じて海外の優秀な人材を採用するケースも増えてきました。海外の求職者もまた人材紹介会社を利用することで，仕事探しで直面する文化ギャップを回避してスムーズに日本での就職活動が行えるようになりました。

筆者が実施したインタビューで，日本の大手人材サービス会社の人材紹介事業部ゼネラルマネージャーは，東アジアのコモディティチェーンが日本企業主導の品質偏重型から，韓国や台湾，中国企業が主導の消費者重視型へと大転換を果たすプロセスで，日本の製造業は深刻な人材不足に直面するだろうと予測しています。その主な原因は，少子高齢化の影響で，若い世代の人材が減少していることや，企業のコスト圧力でミドルやシニア層の人材がリストラ等で解雇され，再雇用で不安定かつ綱渡りのような状況に置かれるようになったため，戦力として疲弊するケースが増えたためです。さらにロボットを利用した高度自動化，研究開発も自動化が進められ，日本国内での人材育成がますます難しくなっていくと見ています。また，理系人材が日本国内で減少していることも人材不足や日本の製造業全体の衰退へとつながっ

ています。

　前出の人材サービス会社のゼネラルマネージャーによれば，日本では理系の学生がインターネット関連等情報系や，文系の職場に就職するケースも多く，日本では製造業における技術者の人口が減少していて，内閣府等政府筋の見解も日本における製造業の縮小が予想されています。しかも，ソニー，東芝，パナソニック等，家電大手の大規模なリストラの影響で，製造業に従事する技術者や営業・マーケティング等の人材も 2000 年以降，東アジアを中心とする海外に流出しており，就職氷河期の影響も相まって 50 代から 70 代のベテランエンジニアや営業・マーケティングのスペシャリストが業界の人脈を通じて韓国のサムスンや LG 電子，台湾の同業他社に採用されて海を渡りました。また，中国の自動車工場にも日本人エンジニアが採用されるようになりました。さらに 2008 年にリーマンショックで世界的な金融・経済危機が発生すると，日本の製造業の苦境はますます深刻化し，30 代等比較的若い世代の日本人も日本国内の人材紹介会社の仲介を通じて韓国，台湾，中国等東アジアで働くケースが増えてきました。日本の人材紹介会社の東アジア支社に現地企業から日本人を採用したいというオファーも増えました。

　前出の人材サービス会社のゼネラルマネージャーは，2000 年当初の日本人技術者や営業・マーケティング人材の東アジアへの流出を第一波と呼び，2008 年のリーマンショック後の状況を人材流出の第二波と見て，状況が大きく変わったことを指摘します。すなわち，2000 年当時は国内の家電大手等で経験豊富な 50 代以上の技術者や営業・マーケティングの人材が，成長著しい韓国，台湾，中国のハイテク産業で自らの経験を活かし，新しい可能性に挑戦したいという前向きの海外転職が中心でした。しかし，2008 年以降の第二波では，リーマンショック後の大不況で仕事が見つからず海外で仕事を探すというネガティブな海外就業の傾向があったということです。

　しかし，その一方で，大手人材サービス会社の海外支援戦略室に寄せられる案件から，近年，日本から海外をめざす就業の在り方が変わってきている

こともわかります。日本人が海外で働くという場合，東アジアの他国との決定的な違いは，企業の駐在員として赴任するケースが大多数を占めていることです。組織から派遣されて海外で働くという場合が多く，個人単位で海外の就業ルートを開拓して現地企業で働いたり，起業したりしたケースは少なかったのです。一方，韓国，台湾，中国の人々は留学や研修制度等あらゆるチャネルを活用して個人単位で海外の就業機会を獲得し，移民等長期的に海外に居住するケースが一般的です。

　しかし，最近の傾向としては，日本人の若者たちも他の東アジアの人々と同様に，駐在員として海外で働くというよりも，インドネシア，マレーシア，タイ，フィリピンなど東南アジアに単身乗り込んで現地採用で働きながら厳しい環境で自分を磨きたいというケースが出てきました。そして，このような日本人の若者たちは理系や文系に限らず，新天地で可能性を切り開きたいと考えています。

　日本は未曾有の少子高齢化社会に突入し，人材が減少しつつあります。また，経済成長が鈍化し，家電等の製造業が力を失う中で，企業は終身雇用等の安定的な長期雇用を維持し難くなり，人材を育てる力が相対的に弱くなっています。海外で自分の可能性を切り拓こうとする日本人の若者が登場する一方で，日本国内の人材不足から，海外の人材をグローバル人材として雇用する企業も増えています。前述のように，「消費者重視型コモディティチェーン」が主流となる中で，新興国市場のニーズに迅速に対応できる商品の企画や製造が求められているため，理系人材の他，英語等語学に堪能で，海外市場でマーケティングも担当できるような海外の人材が人気を集めています。次節では，東アジアの人材が日本の就業市場をめざす状況や，人材サービス業の役割について詳述していきます。

Ⅲ｜グローバル人材サービス業の果たす役割

　前節で述べたように，「品質偏重型コモディティチェーン」で主導的役割を担っていた日本企業ですが，新興国市場向けに手頃な価格で質の良い製品をタイムリーに投入する「消費者重視型コモディティチェーン」が主流になるにつれて，海外市場で製品を売り込める，グローバルセンスのある人材が求められるようになりました。筆者がインタビューを行った，日本の大手人材サービス会社の台北支店で活躍している台湾人シニアマネージャーは，日本企業は優れた研究開発能力を持っているものの，海外市場でのマーケティング力は不十分であると述べています。すなわち，日本人は「消費者重視型コモディティチェーン」のビジネス戦略に適応できないというのです。

　「中国のハイテク産業のマーケティングでは，日本のビジネスパーソンは戦力になりません。日本人は技術には長けていますが，販売スキルには長けていないからです。日本人の営業スタイルは中国人のそれとは全く違います。日本人は非常に慎重で，売り込むために大口を叩くことはありません。日本人は常に目立たないようにしています。中国人ビジネスパーソンは日本人ビジネスパーソンとは全く違います。中国人のビジネスパーソンは，大言壮語ですぐに契約をまとめてしまいます。このようなコミュニケーションスタイルは，中国のお客様のニーズに合っています。中国のお客様が一番気にするのは，品質よりもコストパフォーマンスなのです。日本のビジネスパーソンは，エンジニアリングは得意ですが，セールス・マーケティングは苦手です。エンジニアリングのスキルは，セールス・マーケティングのスキルとは全く違うのです。そこで，日本の液晶パネルメーカーから，技術について知識のある中国人を採用し，中国支社でマーケティング業務を担当させたいので適当な人材を探してほしいという依頼

がよく来ます（日系人材サービス会社の台湾人シニアマネージャー談)」。

　このように，控えめで慎重な日本人の営業スタイルは，グローバル市場で自信がない，あるいは積極性がないと誤解され，効果を発揮し難いのです。少々大言壮語な印象を与えるかもしれませんが，中国人や台湾人ビジネスパーソンの自信にあふれた様子がコストパフォーマンス重視の中国人顧客の心をがっちりとつかむのでしょう。

　スイスのローザンヌに拠点を置くビジネススクール，IMD（国際経営開発研究所，Institute for Management Development）が発表した国際調査「2020 年世界人材レポート」（World Talent Report 2020）によれば，日本の人材の世界競争力は 58.424 のスコアを獲得しましたが，前年の 35 位からランクを下げて世界 63 か国中 38 位でした。この人材の世界競争力ランキングは，人材を育成する教育環境，生活費や生活の質，所得税率等の海外の優秀な人材を引きつけるような制度的基盤や，熟練労働者の比率，グローバル経験，外国語能力等，グローバルなセンスのある高度人材が多く存在するか等 30 項目の指標で競争力を数値化しています。シンガポールや近隣の韓国，台湾，香港等の獲得したスコアと比較すると，日本の劣勢は明らかです（図表 4-1)。中国も 40 位と日本に迫っていて，毎年ランクを上げています。

　特に日本の人材の世界競争力スコアを押し下げたのは，「（管理職の）グローバル経験」と「外国語能力」の指標です。日本の人材は「（管理職の）グローバル経験」の指標で 63 か国中最下位となりました。また，「外国語能力」の指標でも 62 位（最下位はブラジル）でした。他のアジア諸国では，「（管理職の）グローバル経験」と「外国語能力」の指標で，シンガポールが 7 位と 11 位，香港が 4 位と 25 位，韓国が 39 位と 38 位，台湾は 34 位と 33 位にランクされました（図表 4-2 および図表 4-3)。日本の人材は，英語等外国語を日常的に使わない韓国や台湾の人材に比較しても，全般的に語学能力が低く，また管理職クラスの人材の海外経験が乏しく，グローバル人材

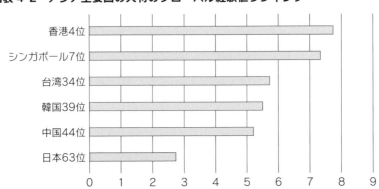

図表 4-1　アジア主要国の人材競争力ランキングと獲得スコア

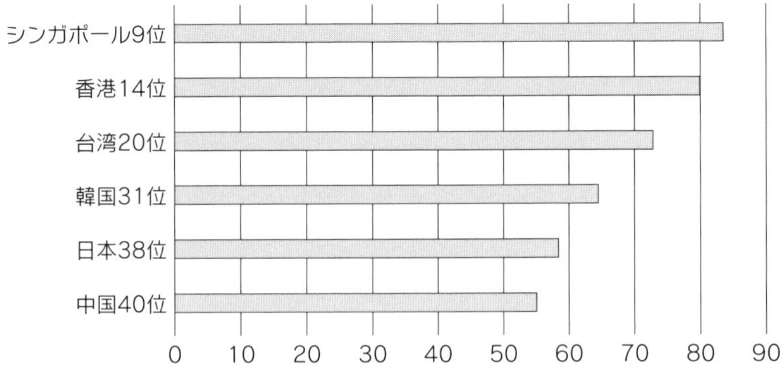

(出典) IMD Business School [2020] を参考に筆者作成

図表 4-2　アジア主要国の人材のグローバル経験値ランキング

(出典) IMD Business School [2020] を参考に筆者作成

が著しく不足していると考えられています。

　日本の人材は，終身雇用や年功型賃金等の制度や規範の影響で，転職が以前に比べると増えてきたとはいえ，他国に比べると一般的ではありません。利点としては，社内で長期的にスキルを磨き，経験やノウハウを蓄積していくことができます。理系人材を例にとると，社内の研究開発部門で長い時間をかけて研究開発を行い，新しい技術や製品，サービスを開発していきま

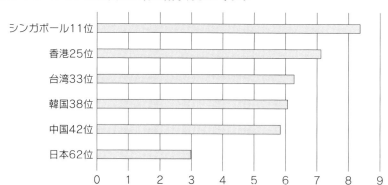

図表 4-3　アジア主要国の人材の語学力ランキング

（出典）IMD Business School［2020］を参考に筆者作成

す。このエンジニアリング能力が，日本企業の競争力になっているのです。しかし，グローバルなコミュニケーション能力が圧倒的に不足しているために，海外マーケットの開拓で中国等のグローバル人材に遅れをとってしまいます。特に新興国市場のマーケティングでは，顧客のニーズの変化に柔軟に対応できるような製品およびサービスの生産・供給体制が求められています。

　1990年代後半から2000年初頭にかけて，中国の巨大な消費市場の成長で，東アジアでは中国市場の多様なニーズに対応できるような製品およびサービスのフレキシブルな生産・供給体制の構築が進められました。特筆すべきことは，この時期にちょうど日本，台湾，韓国等の東アジア諸国で人材紹介や派遣等の求職者と企業を結びつける人材サービス業が成長し，ビジネスを拡大していったことです。東アジア高度人材の国境を越えた流動は，人材サービス業を中心とするグローバル就職活動のチャネルが多様化する中で，ますます活発化しようとしているのです。

　日本では1985年に労働者派遣法が施行され，人材の派遣や紹介業が合法化されました。さらに1990年代から2000年にかけて，終身雇用や年功型賃

金等，長期的な雇用を守る制度が徐々に崩壊し，人材派遣や人材紹介等の人材サービス業が大きく発展しました。2008年のリーマンショックの影響で成長がやや鈍化したものの，労働者派遣事業や職業紹介事業等を合わせると2014年には市場規模が8兆3504億円に達し，成長を続けています[17]。日本における人材サービス業は，日本人で海外留学している人材や，日本で学ぶ外国人留学生にもサービスを提供するようになり[18]，人材派遣大手のパソナグループは，カナダやアメリカの他，香港，中国，韓国，台湾，ベトナム，マレーシア等アジアの主要地域に人材紹介のグローバルネットワークを構築しています。また，終身雇用や年功型賃金のような長期的な雇用が定着していなかった台湾でも，人材サービス会社を利用して働き口を探すという方法が注目を浴びるようになり，2000年以降，人材派遣や人材紹介会社の仲介で働く被雇用者が増えています[19]。

　韓国では，アメリカの人材サービス業最大手のマンパワーグループが1999年に合弁で現地に支社を設立，2011年にパソナグループがパソナコリアを設立，ローカルの人材サービス業も立ち上がり始め，韓国企業のグローバル化を追い風に人材紹介会社の発展が目立ちます。韓国の場合，台湾や日本等と異なり，近年，政府が国を挙げて国内の優秀な人材の海外就職を支援するアウトバウンド事業を推進している点が特徴的です。海外就職，海外研修，海外ボランティア，海外インターン，海外起業といった様々なチャネルを雇用労働部，教育部，外交部，中小ベンチャー企業部等の政府機関が後押ししています[20]。筆者が韓国で現地の日系人材紹介会社のマネージャーに実施したインタビューによれば，韓国政府は民間の人材サービス業者と協力してアウトバウンド事業を展開しています。また，このような人材サービス産業は，ソーシャルメディア等のITプラットフォームを利用する等，様々な

17　Oka［2017］。
18　長峰［2017］。
19　中華民國統計資訊網［2011］。
20　日本貿易振興機構ソウル事務所［2018］。

形で人材と企業を結びつけています。

求められる人材の国際比較

　2018年6月，筆者は当時教鞭をとっていた国立台北大学社会学部の必修科目「社会科学研究法」で，様々な社会問題について学生たちとフィールド調査を行ってその現状と課題を考えるという授業を行っていました。国立台北大学は台湾の台北市と新北市にキャンパスを有する法律，商学，経済学，社会学，行政学等社会科学系の旗艦大学です。台湾の学生が中心ですが，香港，マカオからの留学生，中国からの交換留学生も少数ですが受け入れています。台湾と香港の学生たちがグループワークで実施したインタビュー調査は，人材の国際間移動を考える上で重要な示唆を与えてくれるものでした。

　彼らは，外資系企業を中心に就職活動を行った先輩たち数名（いずれも文系）に取材を行い，マレーシア企業，香港企業，台湾企業，日本企業で採用基準がどの程度異なっているか調べたのです（**写真4-1**）。その結果，顕著な違いが判明しました。「語学力」，「専門知識」，「個人の能力」，「人柄」の四つの評価基準に分けて取材を実施したところ，マレーシア企業，香港企業，台湾企業は英語等「語学力」を特に重視していますが，日本企業はほとんど重視していませんでした。

「専門知識」については，ほとんど差異はありませんでした。次に，「個人の能力」について日本企業は軽視していますが，マレーシア，香港，台湾企業はいずれも重視しています。一方，日本企業が採用で特に重視していたのは，「人柄」でした（**写真4-2**）。この部分の文化的な差異は顕著

写真4-1　台湾や香港の学生たちが各国の企業文化について発表

写真4-2 アジアの採用基準の異文化ギャップを分析

写真4-3 研究発表を行う台湾や香港の学生たち

で，日本企業の採用においては，まず人柄重視で，語学力や専門知識，個人の能力等はほとんど重視されていなかったのです。日本企業は欧米企業よりも昇進のペースが遅いものの，アジア系企業の中では賃金水準が高めで，雇用が安定しているというイメージがあるため，台湾や香港の学生たちの間で就職先として人気を集めています。しかし，語学重視，実力重視の評価基準に慣れている台湾や香港の学生たちは，この人柄重視という日本企業の採用基準に驚きを隠せない様子でした。**写真4-3**は，グループワークで研究成果を発表する台湾や香港の学生たちの様子です。

　筆者は，2019年4月に25年間の台湾での生活に終止符を打ち，日本に帰国し専修大学商学部で教鞭をとるようになりました。ゼミ生たちとサブゼミで就活イベントを開催したり，内定までの道のりについてゼミ生から報告を受けたりする内に，日本企業が学歴を重視するものの，人柄をかなり重視することがわかってきました。また，筆者が台湾の日系企業数社に実施したインタビューでも，多くの日本人駐在員が頻繁に転職していく台湾人社員に困り果てていました。人柄的にも気の合う仲間と長期的に安定した環境で仕事を行っていく日本の職場の文化が，能力主義で賃金が高く条件の良い職場へと次々と転職していく台湾人の仕

事観と大きく異なっていることがわかります。

このように，同じアジアであっても，企業の採用基準は異なっており，特に日本企業と他のアジアの企業とは差が大きいのです。パソナ台湾では台湾の求職者と日本企業との文化ギャップをすり合わせ，効果的なマッチメイキングを行うために，2013年から日系企業や日本の現地企業への就職を希望する台湾の求職者向けに「Job博台湾」を開催しています。新卒者や既卒者など主に若者向けの日本企業の説明会ですが，50社以上が参加し，台湾での勤務の他，

写真 4-4　「Job博台湾」ポスター

日本での就業の道も開かれています。筆者は，パソナ台湾の御好意で2018年5月に台北で「Job博台湾」を見学する機会を得ました（**写真 4-4**）。

半導体関連や建設，飲食チェーン等様々な業種の日本企業がブースごとに説明会を開催し，リクルートスーツに身を包んだ台湾の学生たちが熱心に話を聞いています（**写真 4-5**）。また，日本と台湾の就職活動の現状に関するセミナーも開催されており，台湾の若者たちが未知の世界である日本の職場に挑戦する上でのサポートも万全です。コロナウイルスが猛威を振るうようになってからは，オンラインで「Job博台湾」を開催しています。

パソナグループは，2021年11月，インド，ベトナム，韓国のIT分野

写真 4-5　日本企業の就職説明会に参加する台湾の学生たち

のエンジニアを日本企業に紹介する「越境リモート人材サービス」をスタートさせました。コロナウイルスの世界的な流行で人材の国際間移動も頓挫したと考えられていましたが，在宅勤務が普及する中で，海外の人材が母国に住んだ状態でも遠隔で勤務できるような新しい働き方を支援しています[21]。遠隔勤務が普及すれば，自宅にいながらにして気軽に海外の職場にリモート勤務できる時代がやってくるでしょう。

　採用条件や職場の文化等は国によって異なりますが，人材サービス業が仲介役として間に入ることで文化ギャップを最小限に抑え，グローバル就業がスムーズに行われることが予想されます。

おわりに

　前述のように，中国を中心とする新興国市場の急速な発展は，東アジアにおける企業の付加価値の源泉となるバリューチェーンに大変革をもたらしました。1980年代，日本企業は優れたエンジニアリング能力を武器に国内の消費者向けに特に品質にこだわったハイエンドの商品やサービスを開発し供給しました。しかし，日本企業の製品やサービスに大きな付加価値をもたらしていたこの「品質偏重型コモディティチェーン」は，1990年代後半から2000年以降，韓国，台湾および中国企業が推進する「消費者重視型コモディティチェーン」に取って代わられることになります。

　「消費者重視型コモディティチェーン」において重要なことは，新興国市場向けに手頃な価格で質の良い製品を消費者のニーズに合わせてタイムリーに投入するマーケティング戦略です。このように，東アジアにおけるバリューチェーンの転換が起こると，海外市場で製品を売り込めるようなグ

---

21 『共同通信』2021年10月19日。

ローバルなコミュニケーションとマーケティング能力に優れた人材が求められるようになったのです。韓国や台湾の企業は当初，日本や欧米企業のハイエンド製品の製造工程を一手に引き受けて技術を学びました。そして，技術やノウハウを修得すると満を持して新興国市場向けに製品やサービスを提供するようになったのです。新興国市場の消費者の置かれている環境は，日本や欧米等の先進工業国の環境とは全く異なります。例えば，インドでは停電や断水等生活インフラが日常的に中断されます。洗濯や調理等の途中で停電や断水が起こることも多く[22]，こうした不安定なインフラ環境に適した家電製品が必要になるのです。日本企業が得意とする「品質偏重型コモディティチェーン」は，不安定なインフラや文化や生活習慣の差など不確定要素の多い新興国市場では消費者のニーズをつかみ難いのです。

　新興国市場やBOP市場（低所得者層をターゲットとする市場）等が次々と立ち上がる中で，現地の様々なニーズに対応できるようなグローバルなセンスのあるマーケティング能力が不可欠です。日本ではグローバルな経験や語学力のある高度人材が特に不足しているため，近隣の韓国，台湾，中国等のグローバル人材が日本企業の注目を集めるようになりました。これらの近隣諸国の労働市場は長期的で安定した雇用制度が存在せず，また，競争が厳しく業種の多様性も乏しいため，雇用が比較的安定している日本企業に就職を希望するケースが増えています。そこで，人材サービス会社が日本と近隣諸国の異文化ギャップを調整し，日本企業と海外の人材のマッチメーカーとして活躍しています。このような語学に堪能で国際感覚に優れ，柔軟なマーケティング能力を発揮できる海外の高度人材をどのように育て，日本企業の新しいリソースとして活用できるかが今後の課題になるでしょう。

22　プラハラード［2010］51頁。

▶ 参考文献

〈日本語文献〉

K・K・Oka［2017］『日本の人材ビジネス　05 人材ビジネスの市場規模・事業展望』リクルートワークス研究所，グローバルセンター。

共同通信［2021］「アジアの IT 人材が遠隔勤務　パソナ，日本企業に紹介」（2021 年 10 月 19 日）。https://news.yahoo.co.jp/articles/5823ab05d05ea14d319409e983c7ee66fcb4ed3d

酒井千絵［2018］「移動する人々のライフストーリーとグローバル化する『アジア』の変容：香港・上海就職ブームという対象から」『関西大学社会学部紀要』第 50 巻第 1 号，25-47 頁。

サスキア・サッセン著，伊豫谷登士翁監訳，大井由紀，高橋華生子訳［2008］『グローバル・シティ―ニューヨーク・ロンドン・東京から世界を読む』筑摩書房。

佐藤大和［2020］「メガバンク四面楚歌，地銀は落城危機　日本の論点 2021」（日本経済新聞 2020 年 12 月 4 日）。https://www.nikkei.com/article/DGXMZO66687100W0A121C2I00000/

髙橋和［2014］「人の国際移動をめぐる研究の動向：ヨーロッパにおける人の移動の自由と管理を中心に」『山形大学法政論叢』第 58/59 号，43-69 頁。

長峰登記夫［2017］「グローバル人材の就職と人材サービス業」『人間環境論集』第 18 巻第 1 号，94-68 頁。

日本貿易振興機構（ジェトロ）ソウル事務所・海外調査部中国北アジア課［2018］『グローバル人材の活用・育成に関する韓国政府の政策調査』2018 年 3 月。https://www.jetro.go.jp/world/reports/2018/01/692c93ea49ada35e.html

C・K・プラハラード著，スカイライトコンサルティング訳［2010］『ネクスト・マーケット―「貧困層」を「顧客」に変える次世代ビジネス戦略』英治出版。

リチャード・フロリダ著，井口典夫訳［2008］『クリエイティブ資本論―新たな経済階級（クリエイティブ・クラス）の台頭』ダイヤモンド社。

安宿緑［2020］「韓国の若者が『就職難』でも大企業にこだわる訳―食い繋ぐため望まぬ仕事や苦しいアルバイトも」（東洋経済オンライン　2020 年 9 月 7 日）。https://toyokeizai.net/articles/-/373140

〈英語文献〉

Bockel, L. and F. Tallec［2005］Commodity Chain Analysis: Constructing the Commodity Chain Functional Analysis and Flow Charts, *EASYPol Module*, 043. https://www.fao.org/3/bq645e/bq645e.pdf

de Haas, H., Natter, K. and S. Vezzoli［2018］Growing Restrictiveness or Changing Selection? The Nature and Evolution of Migration Policies, *International Migration Review*, Vol.52 No.2, pp.324-367.

IMD Business School［2020］*IMD World Talent Ranking 2020*, Switzerland: Institute for Management Development.

Tabata, M.（田畠真弓）［2012］The Absorption of Japanese Engineers into Taiwan's TFT-LCD Industry Globalization and Transnational Talent Diffusion, *Asian Survey*, Vol.52 No.3, pp.571-594.

Tabata, M.（田畠真弓）［2021］The Risk of Upgrading Strategy: Lessons from the Strategic Coupling between the Taiwanese FPD Industry and its Japanese Counterpart, *Journal of Asian Sociology*, Vol.50 No.1, pp.117-142.

Winders, J.［2014］New Immigrant Destinations in Global Context, *International Migration Review*, Vol.48 No.s1, pp.s149-s179.

〈中国語文献〉　※著者名ピンイン順

教育部［2010］「83~98學年度近16年我國教育發展統計分析」（2010年8月）。https://stats. moe.gov.tw/files/ebook/others/year16/16years.htm

林宗弘，洪敬舒，李健鴻，王兆慶，張烽益等共著［2011］『崩世代：財團化，貧窮化與少子女化的危機』台灣勞工陣線。

中華民國統計資訊網［2011］「100年行業別統計表」。https://www.stat.gov.tw/ct. asp?xItem=37508&ctNode=543

カンボジア　起業して社長を目指そう

　お金持ちというと，どんな人だと思いますか。大谷翔平選手のようなプロスポーツ選手や大物芸能人などを思いつく方が多いと思います。しかし，お金持ちになるには，労働者ではなく「資本家」になるのが早道です。端的にいうと，社長になるか，株式を買うかのどちらかです。

　さて，カンボジアのお話です。カンボジアというと，貧困や地雷やジャングルをイメージする方も多いかと思います。しかし，リーマンショックや新型コロナの影響を受けた年を除くと，カンボジア経済は高度成長を続けており，首都プノンペンも高層ビルが立ち並ぶようになりました。日系企業で見てみると，イオンモールが3店も出店するほどとなっています。こうした中で「カンボジア・ドリーム」を目指す若者もたくさん出てきています。しかし，カンボジアでは，株式市場が未発達で，カンボジア証券取引所の上場企業数は8社しかありません。そこで，お金持ちを目指すとなると，起業して社長を目指すのが近道ということになります。

　私は，カンボジア若手起業家協会（YEAC）の顧問をしていた経験があります。セミナーや研修を行うために，若手起業家（会員資格は40歳以下）のニーズを尋ねたところ，「リーダーシップの涵養方法」，「チームワーク形成のコツ」，「日本の会社の社是・社訓の作り方」など，これまで自分が大学等で学んでこなかったテーマの要望が多く，ショックを受けた記憶があります。「良い社長」になるための教育と，「良い社員」になるための教育は大きく違っていたのです。

　カンボジアの産業開発政策では，当面は外資誘致と地場中小企業の育成を目指すとしています。教育も不十分な大多数の国民のために，まずは単純労働者向けの雇用を創出することが肝要なためです。これまでのアジアの多くの国の経験では，農業から始まり，労働集約的産業（縫製業等）から，家電や自動車といった組立産業，鉄鋼や石油化学といった重工業，小売りや銀行といったサービス産業へとステップアップしていくことが，経済の出世街道でした。しかし，カンボジアの産業開発政策では，組立産業や重工業は周辺国（中国，タ

イ，ベトナム等）が強力な競争相手となってしまい，大きな発展が見込めません。そのため，これらのステップを飛ばして一気に「イノベーション産業」を振興したいとしています。すなわち，ITやフィンテックなどの先進的産業を目指すということです。カンボジアは，日本などの先進国と違って，既得権益層や過去のしがらみが少なく，法規制も厳しくないため，自由な発想で新規事業を開発・展開できるという利点があります。ここに，スタートアップ起業の大きなチャンスがあり，カンボジアの若者がチャレンジし始めています。

　先進的産業の例としては，カンボジアが世界に先駆けて発行した中央銀行デジタル通貨（CBDC）の「バコン」が有名ですが，その開発には日系企業のソラミツが協力しました。また，プノンペンでのスマホを使ったデリバリーや配車サービスは，日本よりも便利といっても過言ではありません。さらに，カンボジア政府はスタートアップ企業への支援も重視しており，政府系ベンチャーファンド「クメール・エンタープライズ」やカンボジア中小企業銀行による出資や融資等の金融支援，テクノセンターや省庁の研究所による技術支援などが実施されています。

　「カンボジアで起業」というと，ハードルが高いように思われますが，日本よりも低コストで起業にチャレンジすることが可能であり，社長を目指すカンボジアの若者だけでなく，日本の若者にも大きなチャンスがあるはずです。日系のカンボジアでの起業の成功例としては，お土産（クッキーや縫製品・雑貨），飲食業，美容院，IT，コンサルタントなどがあります。カンボジアは，「起業のメッカ」と呼ばれたこともあります。皆さんのチャレンジをお待ちしています。

（文　鈴木　博）

第 5 章

取引コストと異文化
──信頼社会と安心社会

本章で学ぶこと🖊

　本章では取引コストについて学んでいきます。取引コストは企業が経済活動を行う上で避けて通ることのできないものです。この取引コストを引き下げるために企業は日々努力を続けています。取引コストは内部化や系列化，企業集積などによって引き下げることができます。また，「信頼」によって結びついた企業同士が，長年の付き合いを経て，お互いが裏切られることを心配する必要がない状態（＝コミットメント関係）にあるならば，それは「安心」を確保した状態で，結果的に取引コストを引き下げることにつながっています。

　集団主義社会といわれる日本社会は信頼で満ち溢れているように誤解されがちです。日本は村落共同体時代の村八分のような社会的制裁によって安心を作り出していますが，人を信頼する能力が長けているわけではなさそうです。逆に移民国家のアメリカ社会は不確実性が大きく，個々人が人を信頼し，人に信頼してもらうことが生きる上で重要な戦略となります。言語，肌の色，文化などが異なる人が絶えず入植してくる社会では，新参者が敵か味方かをなるべく早い段階で確認する必要もあります。そうでなければ自分が危険にさらされるからです。アメリカは他人が信頼に値するかを正確に見定め，自分自身も相手に信頼してもらう能力に長けている人が相対的に日本よりも多い社会なのです。

🔍 キーワード

- 取引コスト
- 内部化
- 企業城下町
- 内集団取引
- 系列化
- コミットメント関係
- 集積の利益
- 機会費用
- 信頼
- 集団主義社会
- レモン市場
- 情報の非対称性
- 囚人のジレンマ
- グローバル人材

Ⅰ 取引コスト

1. 取引コストとは何か

　企業が取引を行う際に必要となるコストについて考えてみましょう。神奈川県に所在する製造企業が，ある特定の素材で作られた部品を探しています。インターネットを駆使して岩手県にある加工企業がこの部品を作ることができそうだと目星をつけました。電話やメールに続いて，出張してその企業を訪問し，図面を提示して取引可能かを見定めていきます。こうしたコストは**探索コスト**と呼ばれ，**取引コスト**の一部となるものです。

　いざその企業と取引を開始することになれば，まず契約書を作成します。契約書の作成は弁護士による法的チェックが必要でしょう。初めての取引先ですので心配もあります。「図面通りに作ってくれるだろうか」「素材の仕様を間違えたりしないだろうか」「納期を守ってくれるだろうか」と心配は尽きません。発注を終えて納期が近づけば，「どうですか?」と電話やメールで進捗状況を聞いたり，さらに心配ならば神奈川から岩手にまで出張して作業現場を視察したりするかもしれません。こうした監視コストも取引コストの一部となります。企業は購買担当社員が取引業務に携わることで生じる人件費も当然のことながら負担しています。取引前から取引期間中も取引には目に見えない時間的コストがかかるのです。こうした一般的な取引コストを列記すると概ね**図表5-1**の通りとなります。

　今回は国内での取引を想定しましたが，外国企業との貿易取引となれば出張費や外国語人材の確保など探索コストは割高となります。また，契約書を英語や現地語に翻訳するコストも必要となります。製品を輸送する際も国際輸送となるので輸送費（時間的コストも含みます）はさらに上昇します。また，関税や非関税障壁といった国内取引では生じないコストも発生すること

になります。

2. 取引コストを引き下げるもの

（1）内部化

　企業にとって取引コストを引き下げることができるかどうかは，効率的経営に欠かせない要素です。取引コストを引き下げる方法として**内部化**があります。例えば，私たちが夕飯の材料を買いに行く際，多くの場合は近所のスーパーマーケットに足を運びます。春菊や牛肉などは日によって値段が異なりますが，他のスーパーマーケットと比較して，同じ品質の商品であるなら価格差が2倍や3倍になることはまず想定されません。そして，名の知れたスーパーマーケットであれば，著しく品質が悪いものが売られている可能性を心配する必要はないでしょう。

　しかし，私たちの住む社会がもっと**機会主義的行動**（人を騙したり，出し抜いたりする行動）の蔓延する社会だったとしたらどうでしょう。売り手が豚肉を牛肉だと偽って売っていることもあるかもしれません。使用が禁じられた農薬を使った春菊が売られている可能性もあります。このように**不確実性**が大きい社会の場合，私たちは，調べたり，認証を求めたり，監視した

図表 5-1　取引コストの一例

取引先探索の段階	電話，郵便など通信費，出張費，交際費，サンプルの品質検査費など
取引準備の段階	弁護士の契約書チェック費，契約書翻訳費（必要な場合），出張費，交際費など
取引進行の段階	監視，監督，確認，心配，出張費，輸送費，検品費，関税・非関税障壁によるコスト（外国の場合）など

（出典）筆者作成

り，評判などの情報を収集したりと，多大なコストを払わなければ安心して取引ができません。究極的には自宅の庭で牛を育て，家庭菜園で春菊を育て，親戚の農家から分けてもらうといった**内部化**が必要となります。企業活動においても，相手に裏切られる可能性が高い場合，自社で内製化するのが最適な選択となるのです。

　日本は中国，インドネシア，タイなどと比べ金型を専業とする加工業が盛んです。金型は家電製品や自動車部品など多くの金属部品や樹脂製部品の成型に欠かせないものです。自動車生産では1モデルごとに数千点にも及ぶ成形部品が使われるので，金型も数千点に及びます。この全ての金型を自社で製作して管理し，数年間も保管することは，大手企業をもってしてもほぼ不可能です。

　自動車のバンパー，ライト，リアのランプ形状などの意匠は新モデルの発表前であれば秘匿性を求められるものです。それを資本関係のない金型企業に外注しても大丈夫でしょうか？　競合他社に情報が漏れたり，マスコミにバラまかれて新型車の発表前にリークされてしまうという心配はないのでしょうか？　これも機会主義的行動が蔓延する社会であれば，金型は自社で内製するか，金型企業を買収するなどして**内部化**することが賢明な判断となります。品質，納期，価格の安定化や情報漏洩の防止などのために内部化せざるを得ないので，中国などでは金型や鋳物の専業メーカーは日本と比べ相対的に少ないのです。

（2）内集団取引（系列取引）

　日本の自動車メーカーを例にすれば，自動車メーカーは150社程度の第1次サプライヤー（ティア1とも呼ばれる）と直接取引をし，第1次サプライヤーの下には第2次，第3次，第4次と部品や素材加工メーカーが連なっています。3万点以上の部品で構成される自動車製造に関わる企業は数万社に及ぶともいわれます。完成車メーカーを頂点としたピラミッド構造の上部に

位置するティア1やティア2と呼ばれる企業群の多くが完成車メーカーと系列関係にあります。長期間，反復的に取引を続けてきており，お互い裏切られる心配がない**コミットメント関係**にあります。祖父の時代から付き合いのある企業との取引であれば，今更契約書を作る必要もなく，電話一本で受発注が完了するといったこともあるでしょう。出資や株式の持ち合いなどがない企業であっても長期間の反復的取引によってコミットメント関係を結ぶようになります。こうした**内集団取引**は**系列取引**と呼ばれ，日本的経営の特徴の一つといえるのです。

1980年代，ソニーや松下電器，トヨタ，日産，ホンダなどの製品が日本から世界中に輸出され，高品質で安価な日本製品が世界市場を席巻しました。アメリカの社会学者，エズラ・ヴォーゲルが『ジャパンアズナンバーワン』という，日本経済の強さの理由を解説した著書を出版しベストセラーになりました。

日本経済はその後，1985年の**プラザ合意**による円高で輸出競争力が低下しました。例えば，1ドルが200円だった為替相場がプラザ合意によって1ドルが100円になり円の価値が2倍になりました。この場合，日本で作って

図表 5-2　日本経済の強さの理由

日本企業について	終身雇用・年功序列賃金 株式の持ち合い，企業系列 企業と協調的な労働組合 企業内福利厚生の充実 短期的な利益ではなく長期的な利益を重視 比較的小さい賃金格差
官僚	優秀な通商産業省，大蔵省主導の経済への強烈な関与
日本人	学習意欲の強さと読書習慣の高さ 英語力は劣るが大きな問題となっていない 数学力の高さ

(出典) ヴォーゲル [1979]

100万円で輸出していた製品は，輸入国側ではこれまでは5,000ドルで買えたのに，円高後は1万ドル出さなければ買えなくなります。日本で生産して輸出してもこれまでのように売れなくなってしまうのです。そして，90年代初頭のバブル経済の崩壊を経て日本経済は長い不況に突入しました。現在，日本はヴォーゲルが書いた時代のようなナンバーワンではなくなってしまいました。

（3）集積の利益

　企業は日々，取引コストを引き下げるための努力を続けています。車で半日かかる取引先よりも15分の距離にある取引先の方が便利なはずです。輸送費も割安ですし，部品に何か不具合が生じた時は電話を受けてすぐに駆けつけることができます。自動車産業は生産に関わる多くの企業が綿密な打ち合わせを頻繁に行う，まさに「**擦り合わせ**」を必要とする産業です。少しくらい部品の単価が高くなったとしても，近距離に集積して情報交換費用や輸送コストを引き下げる方が，企業経営にとって有利な選択となります。愛知県の豊田市にはトヨタ自動車の**企業城下町**が形成されていますし，茨城県日立市の日立製作所，石川県小松市の小松製作所なども好例です。**企業城下町**の特徴は特定の大企業の取引先がピラミッド構造のように**垂直的な集積**を一定地域内に形成しています。この他，同業者が**水平的に集積**するケースもあります。例えば，新潟県燕市の金属洋食器，福井県鯖江市の金属フレーム眼鏡，愛媛県今治市のタオルなどです。同業者が集積し一大産地として地域がブランド化していくこともあります。国内外の多くのバイヤーを引きつけ，集積を構成する各社は，それぞれに顧客を探したり，営業を行ったり，広告宣伝費を費やすことなく一定程度の集客が可能になるのです。

　こうした企業集積は**規模の経済性**を発揮できるため生産コストや取引コストを引き下げる効果があります。産業集積が大きくなればなるほど生産コストは低下し，集積が集積を呼ぶといった現象も見られます。電気代や人件費

が多少上昇したとしても，企業にとって**集積の利益**は大きく揺るぎません。集積を構成する企業にとって，この集積はいわばシェルターのような存在でもあるのです。

3. 機会費用の存在

　これまで取引コストについて見てきました。取引コストを引き下げるためには内部化をすることが有効でした。企業と企業の取引を内部化するということは，相手企業を買収してしまうのが一般的かもしれません。しかし，日本では系列化という関係性を重視した取引形態にすることで，事実上の内部化を実現したのです。では，この系列取引は万能なのでしょうか？　本当にコストを引き下げるのでしょうか？　これについては**機会費用**について考えなければなりません。機会費用については，竹内健蔵先生が書かれた書籍『あなたの人生は「選ばなかったこと」で決まる—不選択の経済学』でわかり易く解説されています。

　経済活動に限らず私たちの人生もまた選択の連続です。今日のお昼に何を食べるのかについても，コンビニの 100 円おにぎりにするのか，有名店で800 円のラーメンを食べるのかといった選択があります。私たちは常に**費用**と**便益**を考えて選択をします。おにぎりのコストはラーメンの 8 分の 1 です。しかし便益（喜び）はおにぎりの 8 倍以上になると考えるから，時にラーメン店に行列を作ってでも 800 円のラーメンを食べに行くのです。また，私たちは何かを選択する際，選択しなかった方を実行していたら，どれだけの**費用**と**便益**であったかを計算しているのです。この選択しなかった方の**費用**と**便益**の和が**機会費用**と呼ばれるものです。来週，友達と別の有名ラーメン店に行く約束をしているので，今日はおにぎりにするという選択には，8 倍の費用を払ってラーメンを食べても，来週もおいしいラーメン店に行くのだから，今日の便益（幸せ）は減少するとの考えがあります。つまり，ラーメン

がおにぎりの8倍以上の便益にはならないと考えるので，今日はおにぎりにするという選択をするのです。

企業活動も同様です。系列取引によって祖父の代からネジを買い続けてきた企業取引があったとします。半世紀近くも系列取引を続けてきましたが，系列の外側にもっと安価で高品質なネジを供給できる企業があるかもしれません。それでも，コミットメント関係を壊してまで新しい企業と取引をすることをためらいます。こうして，この企業はもっと有利な取引先があるという**機会費用**を払って，現在の系列取引を維持しているのです。

機会費用についてもう少し見てみましょう。会計の考え方では**機会損失**もあります。いわゆる儲け損ない（逸失利益）のことで，**機会費用**とは異なります。**図表5-3**は機会損失と機会費用を例示したものです。機会損失は需要の見誤りで発生した儲け損ないですので，具体的なチャンス・ロスが金額として存在します。この企業は玩具を生産販売しています。発売開始と同時に消費者の間で大人気となり想定外の需要が発生しました。問屋や小売店からの注文やネット販売の注文が殺到しました。しかし，生産が追いつかず，生産体制が整うまでの間，販売を休止すると記者会見で社長が頭を下げまし

図表5-3 機会損失と機会費用

機会損失＝逸失利益 （儲け損ない）	機会費用
会計学的費用＝5億円	経済学的費用＝5億円＋アルファ
・需要の見誤りで品切れとなり，問屋や小売店，ネット販売の注文，合計5億円を断ることになった。	左記の機会損失に加えて： ・5億円もの売り上げをフイにしたことで社員の士気が低下。 ・問屋，小売店からの信用を失い，将来の取引を失う可能性がある。 ・消費者の間でブランドイメージが低下。他の商品も売れなくなる可能性がある。

（出典）筆者作成

た。もしこの受注全てに対応できていれば1週間で5億円の売り上げとなったはずです。

　会計学的費用としては財務諸表に載せることができなかった具体的な数字，ここでは5億円が**機会損失**となります。しかし，**機会費用**は5億円では済みません。その先のことを考えているからです。**図表5-3**が示すように，機会費用としては冬のボーナスに直結する千載一遇のチャンスを逃したこの玩具メーカーの社員の士気は大きく低下するでしょう。また，取引先からの信用を失ったので，これまでのように多くの商品を取次いでくれなくなるかもしれません。さらに，消費者にとってこのメーカーのブランドイメージは低下し，他の商品が売れなくなるかもしれません。機会費用を加味すれば，この企業の損失は5億円をはるかに上回るものになるでしょう。

Ⅱ ｜ 信　頼

　皆さんは「**信頼**」と聞いてどのようなことを連想しますか？　日本の社会は**集団主義社会**といわれることが多く，個人主義の欧米との対比で語られることが多いように感じます。では，**集団主義社会**とはどのような社会でしょうか？　集団を構成する一員として個々人は皆**信頼**し合っていて，初対面の人でも疑いなく**信頼**して，協力し合う社会というイメージでしょうか。全くこのような状態ではないにしても，社会では個々人は相互に**信頼**で結びついていると考える人が多いのではないでしょうか。

　ここでは，この**集団主義社会**と**信頼**について見ていきます。山岸俊男先生の『信頼の構造』という本によると，「**集団主義社会**は**安心**を生み出すが**信頼**を破壊する」としています。驚きの事実ではないでしょうか。**集団主義社会**が**信頼**を破壊するとはどういうことでしょうか？　**集団主義社会**である日本社会の特徴を見ながら**信頼**と**安心**について考えてみましょう。

1. 信頼の構造

(1) 集団主義社会の幻想

　集団主義社会とは一体どのようなことを指すのでしょうか。私の住む地域では町内会費を毎月支払いますが，盆踊りや餅つき，清掃活動といった町内会の行事はほとんど行われていません。都会の多くの町で町内会の役割は形骸化しているのではないでしょうか。また，私たちは毎日のように通学や通勤で電車に乗って出かけます。私は満員電車の車内で隣り合わせた見ず知らずの乗客と仲間であるとか，一体感であるとか，そのような連帯意識を持ったことはありません。では何が**集団主義社会**なのでしょうか。

　日本の社会は**集団主義社会**であるという表現は，近代以前の日本の伝統的な**村落共同体**をイメージした表現ではないでしょうか。昔，テレビやラジオもなく，車やオートバイもない時代，日本の各地にあった**村落共同体**は警戒することが不要な社会でした。ここでいう警戒とは，家の門扉を施錠することや，同じ村人から搾取されたり，騙されるといった被害への警戒です。こうした社会が最も**信頼**を醸成すると思いがちですが，こうした村落共同体の社会は**信頼**の育成を阻害するのです。

　集団内では村の掟があり，ルールを破ったり，人のものを盗んだりすれば**村八分**となります。**村八分**とは悪いことをした場合に他の村人全員から絶交されるという私的制裁です。一般的には村落共同体内での火事と葬式以外の付き合いを絶たれます。田植えや稲刈り，水路の補修，害獣駆除，家や納屋の修理など，村人の支援を得られなければ村での生活は維持できなくなっていきます。村を出て新天地を探そうにも，他の村も**村落共同体**ですので，新参者を容易に受け入れる村はほとんどありません。**村八分**になったという**評判**もついて回るため，新天地を探すことはかなり難しいことなのです。村八分になることは事実上の死刑宣告です。こうして，**村落共同体**の内部は，強い私的制裁によって裏切りが起こり得ない**安心**が維持されているのです。

村落共同体の**安心**は，先に見た企業取引における**内集団取引**（**系列取引**）でも同じです。裏切ったらひどい制裁が待ち受けるヤクザの世界とも共通したものです。こうした集団は，裏切った場合の制裁を用意し，組織内に**安心**を確保しているのです。

(2) 日本社会は安心社会

　日本は信頼ではなく安心が満ちている社会です。集団主義社会の持つ村社会の要素は現代社会にも存在しています。例えば，東京の場合，電車のホームからエスカレーターに乗ると，左側に立って右側を空けるマナーが強力に根づいています。いうなれば村の掟です。右側に立ち止まって流れを止めてしまおうものなら後ろの人に舌打ちをされたり，時に「通してくれ」「どいてくれ」と怒鳴られ兼ねません。掟が合理的であればいいのですが，ほとんど歩く人がいない時も右側をきれいに空けようとするので左側には長い列ができたりします。こうなると，もはや脅迫ではないかと感じる時もあります。

　では，私たちはこうした社会にあって他人一般を信頼する必要があるのでしょうか？　村落共同体の集団主義社会は集団内の関係を強化するものの，関係を拡張させることはありません。集団内にとどまる限り安心が確保されているので，外の世界と接触する事態は想定されていません。つまり，他者との関係を築くために必要な能力である，**信頼構築能力**は育まれないのです。

　日本の社会は安心社会で，企業活動も内集団取引が主流です。新たな関係を構築するのは苦手で，既存のお得意先を回るようなルート営業に特化しています。海外進出した日本企業の営業担当者は，新規顧客開拓の経験が少なく，系列内の巡回営業しかやってきませんでした。営業担当者に最も必要な能力は，自分を信頼してもらうためのコミュニケーション能力と，相手が信頼に値する人であり企業であるかを見極める情報収集力と判断力なのです。

（3）信頼は社会資本

　信頼は人間関係を拡張させ，企業取引においては潤滑油となるものです。信頼があれば私たちの社会の効率は上がり，取引コストを引き下げることになります。なぜなら，裏切りを心配したり，そのための罰則を設けたりする必要がないからです。信頼で結ばれた取引であれば，契約書も簡易なもので十分でしょうし，相手が契約を履行するかを監視する必要もありません。信頼とは私たち社会活動にとって欠くことのできないものです。橋梁や道路，空港や高速道路，電気やガスといったインフラストラクチャーと同じ，**社会資本**でもあるのです。

　例えば，「あの人はすぐ人を信頼してしまう」という表現は，あの人はお人よしで騙され易い人だというネガティブな言い回しと考えられがちです。伝統的な村落共同体では信頼を学ぶ機会はないため，「他人を見たら泥棒と思え」という排他的な行動をとりがちです。しかし，これでは新たな関係構築はできず，ビジネス機会も得られないでしょう。信頼を深めるためには，特定の相手が信頼できるかについての情報に敏感で，相手が信頼に足る行動をとるか否かを比較的正確に予測し，かつ自分自身も相手に信頼してもらうことが必要となります。逆に，特定の相手が信頼できるかについての情報に鈍感で，相手が信頼に足る行動をとるか否かを正確に予測できず，かつ自分自身も信頼してもらえない人もいます。

　高い信頼能力の持ち主になるためには，社会的知性，つまり信頼を判断するのに必要な知恵や知識，経験を育む機会が重要です。しかしながら，日本の社会には，外国人に対し非寛容であったり，異質性を許容せず拒絶する人もいます。多様な考え方を持つ人たちの集団に入れられると，居心地の悪さを感じる人も多いと思います。

　移民国家のアメリカでは，肌の色，宗教，食べ物，言語，服装などが異なる人に囲まれ，彼らが自分に危害を加える可能性があるのか？あるいは味方なのかといった情報をなるべく早い段階で収集できないと，自分の身が危険

にさらされます。こうした歴史的，文化的背景が村落共同体の日本とは大きく異なっています。つまり，**不確実性**が大きく多様な民族が流動的に居住地を変えていくような社会であれば，社会は万人にとって安心な環境を確保することはできません。個々人がお互いに信頼できるか否かを見極める必要が出てくるのです。

COLUMN 4

グローバル人材について

　グローバル人材について考えてみましょう。私なりに考えるグローバル人材は，「異質性，多様性こそ価値であることを知っている人材」だと思います。世界を知るということは異質性や多様性を知ることでもあります。国際的な視野を持つ自由な教養人とでもいいましょうか，自他を比較考察して己を知ることができる人材がグローバル人材だと考えます。これは地理的範囲を日本国内に限ったとしても成り立ちます。北海道の地理や歴史を学ぶということであっても，沖縄の文化を知ることにおいても私たちは初めて見聞することに興味や関心を抱き，「なぜそうなのだろう？」と自分の置かれた環境と比較をするでしょう。この自他を比較考察することは何よりも己を知ることになるのです。よく「自分探しの旅に出る」といわれます。旅に出ると異質なものに出会うことができ，結果的に己を知ることができるからかもしれません。異質さの程度はおそらく日本国内よりも外国に行った方が大きいでしょう。外国語という意思疎通のための手段があれば，外国を旅して多くの人と知り合い，語り合い，無数の異質性に気づかされることでしょう。

　私は1990年代にベトナムのハノイに6年間暮らした経験があります。ベトナム北部では犬肉をよく食べます。特に田舎に行くと，急な客人をもてなすために犬肉が供されるのです。正直いって，私も実家で犬を飼っていましたし，犬肉をおいしいと思ったことはありません。日本からの来訪者に「ベトナム人は犬肉を食べるんですってね」と，ベトナムの食文化を上から目線で嘲笑されたことがありました。私は自分が侮辱されたような気持ちになったので，「クジラ，生卵，馬刺しを食べる日本人も世界的な標準で見ればかなり野蛮なようですよ」と諭し

写真5-1　ある日曜日のハノイの街角

恥の制御は弱く、異質なものへの許容度が大きい社会といえます。

（出典）筆者撮影（2017年）

たところ、その人は一瞬きょとんとして、それ以上は犬肉の話はしなくなりました。

　ベトナム人に「日本人は馬肉を刺身で食べるぞ」と打ち明けると、「魚ならまだしも馬を生で食べるわけがない」と大笑いされます。そして、事実であることが判明すると、「本当なのか」と驚愕の表情を浮かべるのです。恐らく、犬肉を食べるよりも、馬の肉を生で食べる方が世界的に見れば珍しく、かつ残虐性や意外性が強いのではないでしょうか。ベトナム人が犬肉を食べることを蔑んだ日本人は、一方で馬刺しを食べているという重大さに気づいていないのです。

　ルース・ベネディクトというアメリカの文化人類学者が、太平洋戦争の末期に日本について書いた研究書、『菊と刀』という本があります。戦後、アメリカが日本を占領統治するために事前に日本文化を考察する必要があったのです。この本の中で、著者は欧米文化が「罪の文化」であるのに対し、日本は「恥の文化」であるとしています。善悪の基準が宗教、法律、哲学などによって内在している欧米人と比べ、日本人は他人からどう見られているのかが重要で、善悪の内なる基準が曖昧だというのです。「お天道様が見ているよ」「そんなことをしたら皆に笑われるよ」「赤信号みんなで渡れば怖くない」といった表現があるように、私たちは「恥」によって制御されているのです。コロナ禍の社会政策でも日本は強力な都市ロックダウンはせず、ひたすら外出や会食自粛の要請を繰り返していました。日本社会は同調圧力が強い社会といわれます。これは「恥」が持つ制御の力です。これが行きすぎて自粛警察なども出現しました。

　さて、グローバル人材をめざすのであれば何をすればいいのでしょうか？　や

はり自分と異なるものをたくさん見聞することだと思います。その上で「なぜだろう？」という疑問をたくさん抱え，こうした好奇心と経験，洞察と学習を繰り返していくことで，かつての疑問が解けたり，新たな疑問が追加されたりします。「異質性こそ価値」であることに気づいた人は，自分から進んで多様なものを見たがります。人間関係を拡張することになるので，信頼構築能力も必要となります。

　学生の皆さん，異質なものを見つけに旅に出ましょう！

（4）囚人のジレンマと応報戦略

　囚人のジレンマという状況を見ていきましょう。囚人ＡとＢが共謀して強盗殺人を行いました。物的証拠はなく，状況証拠のみで２人とも逮捕されました。検察側は何としても自白を引き出したいところです。警察での取り調べは別々の部屋で行われています。Ａが自白すればＡは司法取引によって不起訴となります。ただし，ＡだけでなくＢも自白した場合，ＡＢとも懲役10年となってしまいます。また，物的証拠がないのでＡＢともシラを切れば，ＡＢともに懲役１年で済みます。最悪の事態は，Ａが自白したのにＢがシラを切り続けた場合です。この状況ではＢはシラを切ってＡに協力しているのに，Ａは自白をしてＢを裏切っています。このケースでは協力したＢは無期懲役と最も重い量刑となり，裏切ったＡは不起訴となります。

　このジレンマはシラを切るという**協力行動**と自白するという**裏切り行動**のどちらをお互いが選択するのかによって，自分の未来が決定されるという状況にあるのです。

　図表 5-4 が囚人のジレンマの状況を示したものです。あなたがＡだとしたら何を選択しますか？　自白という裏切りを選択し，相手も裏切りを選択した場合は２人とも10年の懲役で済みます。ただし，あなたが裏切っているのに，相手がシラを切るという協力を選択してくれた場合，あなたは不起訴となります。自己利益の最大化を狙うのであれば，自白する（＝裏切る）方

図表 5-4　囚人のジレンマの状況

		Aの選択	
		シラを切る	自白する
Bの選択	シラを切る	1年 / 1年	不起訴 / 無期懲役
	自白する	無期懲役 / 不起訴	10年 / 10年

(出典)山岸[1998]68頁

が最悪でも10年の量刑で済みますので，この選択しかなさそうです。仮に
あなたがシラを切る（＝協力する）方を選択し，相手が裏切れば無期懲役と
いう最悪の結果になるかもしれません。AとBが強い信頼の絆で結ばれ，お
互いが絶対に裏切らないコミットメント関係にあるならば，両者は何のため
らいもなく「シラを切る（＝協力）」を選択するでしょう。

　AとBの量刑は重ければ重いほど社会にとってマイナスとなります。刑務
所の運営コストがかかるからです。社会に与えるマイナスを最小化するため
にはお互いが懲役1年となる「シラを切る（＝協力）」選択が最も望ましいも
のです。ここでも社会的コストを低減する社会資本として信頼が重要な役割
を果たすのです。

　さて，AとBは今回の犯罪を実行するために初めて知り合った関係で，お
互いが信頼で結びついていない関係でした。ですので，1回しか選択のチャ
ンスがないのであれば，相手との関係はこれで終わりですので，利他的に考
える必要はありません。ひたすら利己的に考えて行動すればよいのです。自
分の利益最大化のみを考えるのであれば，「自白する（＝裏切る）」選択にな

図表5-5　100円ゲームのジレンマ

		Aの選択	
		協力	非協力
Bの選択	協力	200円 / 200円	300円 / 0円
	非協力	0円 / 300円	100円 / 100円

(出典) 山岸[1998] 72頁

るでしょう。

　しかし，このゲームを繰り返し行う場合はどうなるでしょうか？　わかり易く**図表5-5**のように金銭に置き換えて考えてみましょう。ここでは量刑という罰則を軽くするのではなく，金銭というご褒美を最大化するように選択するにはどうしたらよいかを考えます。

　囚人のジレンマ状態の選択が繰り返される時，お互いが非協力を選択する回数よりも，協力を選択する回数を多くする方が自己利益が最大化します。相手の利益も大きくなるので，社会全体の利益と考えればお互いが協力状態を長く続けることが最も有益だということになります。

　この100円ゲームに日米の学生に参加してもらい比較実験が行われました。お互いを知らない学生を別々の部屋に入れてこの100円ゲームを1チーム10回繰り返します。参加者はお互い何を選択したのかを都度知ることができます。最初は非協力を選択した学生も相手が協力を選択したことを知ると次回から協力を押してみようと考えるようになります。最初は裏切られて次回は自分も相手を裏切った学生も，相手が協力に転じたことを知ればその

次は協力を選択するようになります。こうして10回繰り返して得た収益金には日米の学生比較で大きな差が出ました。100円ゲームはお互いが非協力の状態で推移すると1回100円ずつしか収益となりません。ところがお互いが協力すると200円ずつになります。協力体制を長く確保できたチームが大きな収益を得ることができるのです。この実験結果では日本の学生はアメリカの学生ほど稼ぐことができませんでした。このゲームで収益を上げるコツは相手が協力してくれるのであれば自分も協力するという**応報戦略**に早い段階でお互いが気づくことです。**応報戦略**による対処を続けていくと安定した**コミットメント関係**に至ります。日本の学生はアメリカの学生よりも**応報戦略**に不慣れで，猜疑心を持って相手と対峙している時間が長いのです。**コミットメント関係**に至れば，相手の出方（信頼できるかどうか）を心配する必要はなくなります。**コミットメント関係**に至る前の段階で**信頼**が必要となります。自分は協力するつもりでいることを相手に知らせることが重要です。そして相手も，最初は自分は裏切ったけど，相手が信頼してきたことを知り，それならばと協力に転じるようになるのです。

　社会に置き換えてみると，信頼は心配や猜疑心を必要としない安定的な取引関係を構築するためにとても重要な役割を果たします。しかし，コミットメント関係を漫然と繰り返していると，**機会費用**を発生させることになります。

（5）取引コストと機会費用

　これまで見てきたように，企業と企業が最初に取引を開始する過程において**信頼構築能力**が必要となります。この信頼を経て両社が取引を中長期間で繰り返していくと両社は**コミットメント関係**の状態になります。お互いがお互いを裏切らない，裏切られることはないと考える安定した状態です。これは取引コストを引き下げる効果がありますが，系列取引でも見たように，「もっと有利な取引相手がいた場合に得られるメリット（＝**機会費用**）」を発

生させる可能性があります。

　この機会費用が大きいと考えられるのであれば，コミットメント関係にとどまらない方が賢明でしょう。経済成長著しく，雨後の筍のように新しい会社が起業されているような工業化黎明期の市場であれば，コミットメント関係にとどまるよりも，新たな企業を探す方がよさそうです。次々と新しい企業が生まれ，古くて非効率な企業は淘汰されていくと考えられるからです。

　そして，このコミットメント関係から脱却し新たな取引先を確保するために「信頼」が必要となります。取引相手を探し，自社を信頼してもらい，かつ相手を正しく信頼することができるかといった**信頼構築能力**が必要となるのです。

　信頼構築能力の低い人（＝**低信頼者**）は社会的**不確実性**に直面した際に，相手との間に**コミットメント関係**を持ちたがり，それを維持したがる傾向が強いといえます。信頼を使って新たな安定的な関係を見つける自信がないからです。一方で**信頼構築能力**の高い人（＝**高信頼者**）は旧来のコミットメント関係で思うような収益が上げられなくなれば，この安定した関係に固執することなく，不確実な状況にもひるむことなく新たな取引先を探し始めるでしょう。

　このように，社会的**不確実性**と**機会費用**の両方が大きい社会では，**高信頼者**が**低信頼者**よりも大きな利益を得る可能性があります。一般的に日本人がイメージする中国がまさにこのような市場だといえます。系列取引に慣れ親しんできた日本企業にとって中国市場の開拓が難しいのは，高信頼者が力を発揮する市場だからなのかもしれません。

ベトナムで感じる異文化—ベトナムの人間関係—

　ベトナムではお辞儀をする習慣はありません。仕事上の付き合いで初めてベトナム人に会う時，まずは立ち上がって両手で握手をするのが礼儀です。その際に，握手をした手は離さずに上下に揺さぶりながら一通りの自己紹介を終えるまで離さないことが多いです。形式的な握手というよりも手をつないだまま自己紹介など冒頭の話をするという感覚に近いかもしれません。その際，ベトナムの人はスキンシップのために相手の右腕や肩などを時折，軽くポンポンと叩いて，親密さを表現します。また，日本人出張者の中には，タイでの挨拶時の習慣である「ワーイ」（合掌）をする人がいるのですが，ベトナムではその習慣はありません。合掌は日本と同様に仏様に対してするものですので，注意が必要です。

　ビジネスの場面でも，よほどの偉い人，例えば政府や企業の幹部クラスに面談するのでなければ，ネクタイや上着は不要です。綿のスラックスにワイシャツ姿でノーネクタイでも大丈夫です。ただし，先方が初めて日本人に会うのだとしたら，日本人のイメージは白いワイシャツを着て，ネクタイを締めて，紺色のスーツ姿でやってくると思っているでしょう。最初にスーツ姿で面談すると，次回以降もスーツ姿で行くことになるので，悩ましいところです。南国ではありますが室内はエアコンがかかっているので，スーツを着ていくか悩むくらいなら最初から着ていった方が無難かもしれません。

　ベトナム企業や役所にアポイントを取る時，組織対組織では埒が明かないことが多いです。つまり，企業名を名乗っても相手は面会する動機とならないので，知り合いの知り合いなどを伝ってアポイントを取るという手法がベトナムでは主流です。まさに人間関係が重要で，どんなに大会社であろうと，日本の政府機関であろうと，人間関係が全くない状態でアポイントを取得するのは難しいかもしれません。正式には面談したいベトナム企業に依頼文書を出しますが，従業員同士に知り合いがいないかを調べて，もし知り合いの知り合い程度であっても人間関係が見つかったのであれば，そうした私的ルートからも打診した方がいいでしょう。きっと正式なレターに対する返事よりも先に，私的ルートで面談日時が決まることでしょう。

　ベトナム企業と商談する際，こちらが「できますか？」と聞けば，ほとんどの場合，「できます」という返事が返ってきます。ただし，ベトナム側の「できま

す」という返事は日本側が期待している「できます」とは相当な差異があります。コストや日程，品質や内容など，細かな仕様を提示して一つ一つ確認しないまま契約して後で大変なことになったという話も少なくありません。

　商談の場面で，特に初対面の時などは，ベトナム人のスピーチにも付き合わなければなりません。会議や商談の本題に入る前に，社長や部長などの幹部が冒頭の挨拶をすることが普通で，これがかなり長い時間を要します。日本側も相手に対して感謝の気持ちを伝え，ベトナムの印象などを盛り込んだスピーチをしてくれるものと期待されています。スピーチは日越の歴史や気候風土の違い，お互いの企業の概略や経営理念などです。通訳を介してとなると，互いのスピーチを終えた段階で 30 分以上経過しているといったことも多く，商談の本題になかなか入ることができません。日本企業同士の面談であれば 1 時間程度で終わるから，1 時間半程度の時間を予定すれば大丈夫だろうと思っていると，2 時間半から 3 時間などを 1 社の面談で費やし，次のアポイント先に大幅に遅れてしまうことになります。

　会食の場面も異文化を感じることでしょう。ベトナム人に接待を受ける場合，最近でこそベトナム料理店に招待されることが多いでしょうが，以前は犬や猫，蛇やヤマアラシといったゲテモノ料理店での接待がよくありました。会食の席では冒頭にお互いのビジネスについて真面目に意見を交わすものの，30 分もたてば仕事の話よりもブラックジョークや恐妻家自慢で場は盛り上がります。女性の社会進出が進んでいるベトナムでは，こうした会食に女性が同席していることも多いのですが，女性も積極的に会話に口を挟み，いかに女性が男性よりも強いのかといったエピソードや冗談をいって会食の場を盛り上げます。

　ベトナム人は別れ際にダラダラすることはありません。電話で話していても「では」といった瞬間に電話は切れてしまいます。あまりの迅速さに「もしかして嫌われているのかも」と最初の頃は余計な心配をすることもありました。日本人は「では，そろそろ切りますね。また次回お会いしましょう。誰々さんにもよろしくお伝えください。そうですね。はい。では。いやあ，そうですね。はい，はい。」などと手際よく別れられないことが多いように思います。日本人は街で人と別れる際も，相手があの角を曲がる前にこちらを振り返って，もう一度手を振るに違いないので，相手の姿が見えなくなるまでその場から立ち去らないという場面があります。しかし，ベトナムでは，「では，さようなら」といって立ち去り，角を曲がる時にこちらを振り返ることはほとんどありません。何ともさっぱりと

した別れ際なのです。日本での別れ際のダラダラ感はもしかすると日本人特有の文化なのかもしれません。

　日本とベトナムの社会を経験して痛感する差異は，何といってもベトナムでは一つの目的に対してたくさんの方法が存在しているということかもしれません。社会システムや行政サービスがきっちりと定められている日本と異なり，ベトナムでは人間関係や賄賂のような少額な金銭がモノをいう社会なのです。無秩序でイレギュラーなベトナム社会に日本人は面食らい，何が正解なのかわからないので，混乱して落ち着くことができません。そして，救世主のように面前に現れたベトナム人の仲介人（ブローカー）に足元を見られ高い金を支払って行政手続きなどを行うことになるのです。日本企業の駐在員もこうしたファジーな社会に慣れてくると，何もかも厳密に管理され融通の利かない日本社会よりも居心地がよくなるものです。ビジネス上の課題についても，日本本社に対して「やってみなければできるかどうかわからない」と正直にいうしかないのですが，本社はそれでは納得してくれません。ベトナムに駐在する日本人駐在員の中には本社と現地に挟まれて多大なストレスを抱え込んでいる人も少なくないのです。

2. 信頼のパラドクス

（1）信頼が必要とされる社会

　社会的不確実性が存在しない安定した関係の家族，親類縁者，村落共同体において信頼は必要とされません。信頼がなくても安心が確保できているからです。一方で，アフリカやアジアの発展途上国などでは一般的に法整備が遅れていて，行政組織やサービスも脆弱であることが多く，社会的な不確実性が大きいです。こうした社会では信頼が必要とされます。

（2）集団主義社会の日本社会

　日本の社会は安定しており，治安も維持されています。社会には安心が確保されており不確実な状態はほぼないといっていいでしょう。こうした社会は信頼を必要としないため，私たち日本人にとっては他者一般を信頼しよう

とする努力も自分を信頼してもらおうとする努力も最小限で済みます。

　信頼を重視した取引慣行が強いとされる日本人と個人主義のアメリカ人という固定観念は「信頼感尺度」（他者一般をどれだけ信頼しようとしているか）で測ると，日本人はアメリカ人よりも他人を信頼しない結果となります。先の100円ゲームも同様な結果を示しました。日本は信頼に支えられた集団主義社会の国ではなく，安心で満たされたコミットメント関係の強い社会といえるでしょう。一方でアメリカは社会的不確実性が高く（銃社会，治安，人種差別，移民国家など），高い信頼構築能力が求められるのです。いうなれば，「安心の日本，信頼のアメリカ」ということになります。

（3）信頼構築能力の高い人は注意深い人間

　高信頼者は**低信頼者**よりも相手が信頼できる人間か信頼できない人間かを示唆する情報に対してより敏感に反応する「注意深い」人間です。人を信頼する人が「お人よしで騙され易い」とする固定観念は間違いで，信頼しようとする人が持つ敏感な判断能力は人を信頼せず誰に対しても懐疑的な人よりもむしろ注意深いのです。

COLUMN 6

不信社会の処世術

　日本ではキャッシュレス決済，自動車や自転車などのシェアリングエコノミーの普及が遅れているといった報道が目につきます。一方で，中国ではこれらの新サービスが次々と生まれ，淘汰されながらも市場を拡大させ，システムとして完成度を上げているように見えます。

　中国の主要都市を歩けば黄色やオレンジ色の自転車がずらりと歩道の一画を埋め尽くす光景を目にします。多くのシェア自転車常連客は朝は地下鉄駅と勤務地（オフィスビル）間，そして自宅と最寄り駅の間でよく利用しているようです。中には営業や配達で町の中を自転車で回っている人もいるかもしれません。通勤

や通学の常連客が多くなればなるほど，自転車の利用時間や利用場所は集中するので，利用可能な自転車の最適配置のために滞留場所から回収して，供給不足地点に移動させる必要があります。中国の都市で見たところ「案外手間がかかる」「儲からないビジネス」というのが正直な印象でした。

2000年代中頃まで，ベトナムの高速道路の料金所では，切符を販売する人と切符をちぎる人は別の人で，しかも50メートルほど離れた場所にそれぞれ配置されていました。料金徴収と通行許可を1人の人間が担当した場合，「半額にしてくれよ」という運転手に対し，「切符の半券（領収書）が要らないならいいよ」という不正が起こります。つまり，一見して無駄な人員配置に見えるのですが，通行車両から漏れなく料金を徴収するための合理的なシステムなのです。まさに性悪説の社会システムの一例です。

中国は飲食店でも，料理の注文を受ける人，料理をする人，運ぶ人，伝票をチェックする人，会計する人と役割が細分化されています。ビールを注文しても，栓抜きだけが来ないことがあります。ビールを持ってくる人に開栓する権限がないからです。

写真5-2　中国の都市部の歩道に留め置かれているシェア自転車

(出典)広州にて筆者撮影(2017年)

中国の最高額紙幣の100元札（約1,500円）で支払うと，受け取る人は透かしの有無や肌触りを確かめ，慎重に偽札かどうかを調べます。それだけ偽札が多く流通しているので，自分が受け取らないように注意する必要があるのです。まるで現金での消費生活はババ抜きのような状態でもあるのです。そして，スリなどの犯罪もあるので，現金はなるべく持ち歩きたくないという潜在的な感覚があるのです。

いざ買い物に行けばどこも大混雑していて不愉快なだけでなく，ショップの店員は一般的に商品知識に乏しく，売る気もなく，不愛想でもあります。中国で暮らしていた私

は，2010年頃からは不要不急の買い物はタオバオ（淘宝）などのネットショップを使うことが多くなったものです。

　対人サービスの質が悪く，不正防止の網が張り巡らされた不信社会は，日本から見ると非合理的で違和感を強く感じることが多いでしょう。信用社会ではないので，無人化，自動化，非現金化，宅配化を社会が選択するのは自明の選択でもあります。顔認証とパスポートと指紋で本人確認をして町中に配置された防犯カメラで行動が監視される状態は，換言すれば不信社会での社会生活に欠かせない社会資本なのです。

　自転車を所有して盗まれるリスクを気にするより，使いたい時だけシェアする方が気楽です。また，ババ抜き状態の現金を持つよりもキャッシュレス化した方が安心です。そして，対人サービスの買い物で嫌な思いをするのを避けられるからネットショップを利用する人も増えていきます。

　中国でIT化が急速に進展する背景には，プラットフォーマーたちの躍進も否定できません。それでもここまで急速に社会のデジタル化が進む背景には不信社会とデジタルの相性の良さがあるのかもしれません。

3. 情報の非対称性

（1）レモン市場

　レモン市場の議論について見ていきましょう。レモンとはアメリカの中古車市場にある欠陥車を指す隠語です。レモンはグレープフルーツと同様に，皮が厚く内側の品質が外側からだけではわかり難い商品です。切ってみたら中が痛んでいたという経験は皆さんもしたことがあると思います。

　このように，商品は品質（＝価値）を見極めることが難しい商品と一見して品質の良し悪しの確認が可能な商品があります。中古車は前者で，売り手と買い手の間に**情報の非対称性**が存在しています。売り手は欠陥車であることを知っていて，買い手は外見や車検証などの情報からは欠陥車であることを知る術がありません。同じ年式とグレードの車であれば，およそ相場が決まってきます。この相場と同じ価格帯で売られていても，売り手が欠陥であ

ることを告知しない限り，それがレモンであることに買い手は気づきません。レモンであることを隠し，健全な車と同じ価格帯で販売し，買った人が早々に劣悪な車を買わされたことに気づいた場合どうなるでしょう。たちまちこの店の悪い評判が流れ，この店の中古車にはきっと多くのレモンが隠されていると消費者は考えるようになります。すると現在の値つけ全てが不当に見えてくるので，「この車もレモンではないか？」「店が隠しているのではないか？」と猜疑心を抱き現在の価格で買う人はいなくなります。

　レモン市場を放置していると，市場メカニズムが機能不全に陥り，市場全体が成立しなくなります。こうした状態を「**市場の失敗**」と呼びます。このように**情報の非対称性**がある商品を扱う市場では，非対称性を何らかの方策で緩和する努力が求められます。ちなみに，新車市場では販売店側と消費者との間に**情報の非対称性**はほとんど存在しません。換言すれば，新車販売店には隠すべき情報はほとんどないので，買い手も安心して買うことができるのです。このため，大手の中古車販売店では，メーカー認定中古車制度の導入や1年間無償修理保証といったサービスによって**情報の非対称性**の溝を埋めようとしているのです。

（2）コメの取引

　皆さんは外国の市場を訪問したことがありますか？　ここでいう市場とはいわゆる伝統的市場（いちば）のことで，肉・魚・野菜・果物・乾物などが所狭しと陳列されています。冷蔵庫や冷凍食品が普及していない社会ですので，消費者はその日食べる食材を市場で買うのが普通です。

　この市場に並んでいる商品はおよそ「**情報の対称性**」がある商品といえます。魚や肉の鮮度は外見や匂いでわかります。野菜や果物も大きさ，形状，色などで品質の良し悪しを判断できるでしょう。果物は見本として切って断面を見せる売り手もいます。先述のレモンやグレープフルーツなどの柑橘類も断面を見ることができれば少し安心して買うことができます。

一方，コメは**情報の対称性**がある商品です。市場では店先の台の上に盛られた各種コメを量り売りしています。買い手はコメを手にとって，汚れやカビがないか，小石や虫が混入していないか，欠けていないか，古米が混ざっていないか，といった情報を自ら確認できます。

　このため，**情報の対称性**がある商品には買い手と売り手との間に隠された情報はほとんどないため，品質と価格の妥当性をその場で判断できるのです。

（3）ゴムの取引

　一方で生ゴムは**情報の非対称性**がある商品で，市場で売り手と買い手が立ち会って相場を形成することが難しい商品です。東南アジアに行くと，整然と植えられたゴムの木が立ち並ぶ植林（プランテーション）を目にすることがあります。ゴムの木の樹皮に傷をつけ，流れ出る樹液を容器に貯めていきます。ゴムの木は植えてから5年程度で樹液が採取できるようになり，約30年は収穫できるとされます。

　ゴムの樹液を加硫し生ゴムのシートに加工します。しかし，この生ゴムの品質は外見だけでは判断できず，製品に加工して初めて品質の良し悪しが確認できるのです。どの農園のどれくらいの樹齢の木から採取された生ゴムか？という情報がゴム製品の品質を左右します。しかし，この情報は一般的には生産者しか知り得ない情報です。このため，生ゴムの取引には仲買人の存在が欠かせません。数世代前から生産者との付き合いがあるという仲買人もいるそうです。買い手は仲買人から自分たちの仕様にあったゴムを買うことができます。仲買人と生産者はコミットメント関係にあります。買い手はこの関係を利用して希望通りのゴムを入手できるのです。

伝統的市場にて

　私がベトナムで暮らし始めたのは 24 歳の頃です。最初の頃は平民食堂（いわゆる大衆食堂）に行くと茹で鶏を食べる人が，もうとっくに肉のなくなっている鶏の骨をいつまでもチュウチュウとしゃぶる光景をよく見かけました。ちなみに，ベトナムでは日本のように骨のない鶏肉は売っていませんでした。骨を外した肉がむしろ特別なのです。日本のスーパーなどで「骨つき」とわざわざ表示して売っている鶏肉を見ると，今でも「当たり前のことではないか」と感じてしまいます。食堂では，しゃぶりつくした骨をポイッと床に捨てるのが流儀です。食べかすなどを机の上に置いておく方が汚いとのことで床にどんどん捨てていくのです。時々それが私の足にあたったり，サンダルの甲の上に載ったりして嫌な思いをすることもあります。

　1990 年代，ハノイには気の利いたスーパーマーケットなどはありませんでした。当然，食材は市場に行って買います。市場はいつも足元が濡れていて，いろいろな匂いが混ざっていて，鳥インフルエンザや重症急性呼吸器症候群（SARS）が流行する前までは生きたままの動物が多く売られていたので，動物の鳴き声，売り手と買い手のけんか腰の交渉の声などが飛び交う混沌とした場所でした。そして，ベトナムの市場は当時の私にとって，モノを買う場所というより「殺戮の現場」でもありました。

　豚や牛はまだ暗い早朝に市場の裏などで屠殺されます。路地裏の一軒家に住み始めた頃，私は毎朝決まって 4 時頃に列車のブレーキ音で目を覚ましました。しかし，線路など近くにないので不審に思って大家に聞くと，そのブレーキ音は近くの市場で豚が頸動脈を切られ発する「断末魔の金切り声」であると知り絶句したものです。

　午前中に市場へ行くと，早朝に屠殺された豚の部位はまだ大きいままです。頭，足，胸，内臓，腿といった数キロ単位の大きなパーツがテーブルに陳列されていて，豚肉売りのおばさんが愛想笑いを浮かべながら「どの部位にする？」と左手で心臓や腸を持ち上げて私に見せます。右手は常に蝿除けのハタキをパタパタ振っています。大きい部位は買い物客が買っていく内に少しずつ小さくなっていき，午後には売り切ってしまいます。冷蔵庫ではなく常温で売っているので陳列するのも半日が限界なのです。牛肉売り場も概ね豚と同じです。カエルや蛇売

り場では基本は生きたまま売っていて，犬肉は丸焼きの処理をされて売られていることが多いです。さすがに犬は自宅で処理するのが難しいのでしょう。鯰，雷魚などの淡水魚は生きたまま売られていますが，海産物はコールドチェーンがなく輸送と保管が困難なため，ハノイの市場で売られることはほとんどありませんでした。

鶏は生きたまま買って家で絞めて食べるのが普通です。ベトナムの友人の家に行くと，庭先で足を縛られた鶏をよく見ました。食べる直前までは生きたままそうやって「保管」しておくのです。当時の私は，自分で処理できないので，市場の鶏売りのおばさんに「加工」してもらっていまし

市場の豚肉売り。部位が比較的小さいので昼前の時間帯と思われる。
（出典）ベトナムの地方都市の市場にて筆者撮影（2014年）

すでに死んだ鯰が売られている。生きたまま持ち帰る場合，暴れるのでこん棒で頭を叩いて気絶させることもある。
（出典）ラオスのビエンチャンの市場にて筆者撮影（2014年）

た。おばさんは慣れた手つきで肉づきのいい一羽を選び出し，私が「うん」と頷くと鶏の頚部に刃を入れ血抜きをします。あまりの手際の良さに鶏は悲鳴すら発することなく目を白黒させ，すぐに絶命します。息絶えた鶏を熱湯の入った寸胴鍋に15秒ほど浸け，その後，手際よく羽をむしり取ります。おばさんは，絶命してボロ雑巾のようになった鶏の肛門部に刃を入れ，手で内臓を根こそぎ引き出し，「これも持って行くかい？」と私の鼻先に突き出してくるのです。正味3分

程度の出来事ですが，鶏肉を買うために避けられないプロセスなのです。骨から肉を剝がしてもらうこともできます。おばさんはいつも「骨や内臓が美味いのに要らないなんて，あんた変わってるねえ」と嬉しそうに嫌味をいったものです。なぜ嬉しそうなのかというと，鶏は生きた状態での重さで値が決まりますので，内臓や骨の分の価格も私が払うからなのです。おばさんは，内臓と骨を他の客に売るので，私が持ち帰らないことが実は嬉しいのです。

　市場に行って食材を買うと，必ず動物の命を奪うことになります。そして目の前で殺戮を見るにつれ，「いっそ菜食主義者になろうか」と真剣に考えたものです。しかし，絶命の瞬間に自分が立ち会って買ってきた「肉」はとにかく美味しいのです。いえ，もしかすると「ありがたい」という気持ちなのかもしれません。ありがたいから残さず食べ，無駄に捨てることもありません。一つの生命が紛れもなく私の食欲を理由に目の前で命を落とし，肉体を「食物」として私に提供してくれたのだと考えるようになります。

　ある日，鶏肉（骨つき）を自分で買ってきて，自宅でから揚げにして食べていた時，チュウチュウと骨を吸っている自分に気づきました。と同時に，「あっそうだったんだ」と平民食堂の老若男女を思い起こしたのでした。

おわりに

　本章では取引コストを切り口に，内集団取引（系列取引），信頼構築能力の必要性などについて触れました。コミットメント関係に至るために，信頼を媒介にした取引関係を構築することが大切です。しかしながら，日本社会に通底する村落共同体時代からの集団主義社会は，私たちに安心を提供する一方，信頼構築能力を育む機会をほとんど提供することはありませんでした。

　今後コロナ禍が収束すれば，再び日本を訪問する外国人が増加に転じ，私たちも外国に赴く機会が増えるでしょう。異質なものに接触する機会がほとんどなかった日本人にとって，異文化理解は案外高いハードルなのです。で

も，異文化理解は自分自身を理解するための通過点でもあります。コラムでも書いたように，異質なものを洞察することは自他を比較考察することであり，結果的に自分自身が何たるかを知るためのアプローチでもあるのです。「何でも見てやろう」という気概を持って，学生の皆さんには積極的に異文化に触れてもらいたいと思います。

▶**参考文献**

エズラ・F・ヴォーゲル著，広中和歌子，木本彰子訳［1979］『ジャパンアズナンバーワン―アメリカへの教訓』TBSブリタニカ。

竹内健蔵［2017］『あなたの人生は「選ばなかったこと」で決まる―不選択の経済学』日本経済新聞出版社。

ルース・ベネディクト著，長谷川松治訳［2005］『菊と刀―日本文化の型』講談社。

山岸俊男［1998］『信頼の構造―こころと社会の進化ゲーム』東京大学出版会。

実務家レポート

実務家レポート①

異文化を融合する経営発想で
ビジネスの壁を乗り越え成長へ

1. 日本経済，日本的経営の停滞

　失われた 30 年といわれている日本経済ですが，その経営活動の中で最も重要な要素の一つである経営力が落ちているのは明らかではないかと考えます。当然，日本の経済，社会，文化，企業活動は発展してきましたが，過去約 30 年間において日本の GDP はほぼ横ばいであり，より発展している他の国と比べると生産効率はそれほど上がっていないのが事実です（**図表 R ①-**

図表 R ①-1　過去 30 年間の世界主要国 GDP 推移（1991 年〜2020 年）

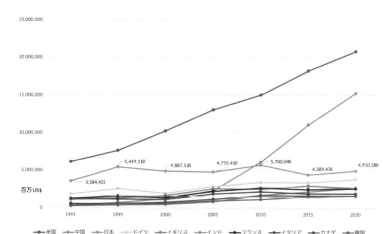

（注）ドルベース換算
（出典）IMF資料に基づき作成

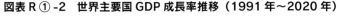

図表 R ① -2 　世界主要国 GDP 成長率推移（1991 年～2020 年）

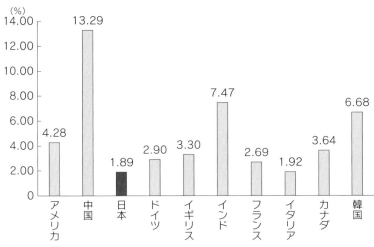

(注)ドルベース換算
(出典)IMF資料に基づき作成

1，2）。また，新企業創出の一つの重要指標であるユニコーン企業（スタートアップから10年以内の未上場企業で，企業評価額が10億ドル以上の企業）の数についても，日本はアジアにおいて後れをとっています。

　これらの図から，主要国（先進国）の中でも日本の GDP の成長が最も低いことが明らかです。国全体の経済が停滞している中，賃金アップの停滞，消費の低下という負の連鎖が生じ，いわゆる失われた30年だといっても過言ではありません。

　マクロ経済全体が停滞し，1970年代から1990年代にわたって堅固な立場を築いていた日本的な経営の強みが色あせ，失われつつあります。その具体例として取り上げられるのは，日本の代表的なグローバル企業の衰退，およびイノベーションを引き起こす新興企業の創出の弱さです。

　例えば，ユニコーン企業について，日本発企業はいかに少ないかがグローバルにおけるイノベーションの弱さを物語っています（図表 R ①-3，4）。

図表 R ① -3　国別ユニコーン企業数（2018 年 3 月時点）

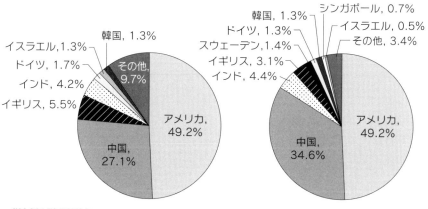

（注）2018年3月時点
（出典）経済産業省『通商白書2018』より筆者作成

図表 R ① -4　世界におけるユニコーン企業数（上位 15 位）

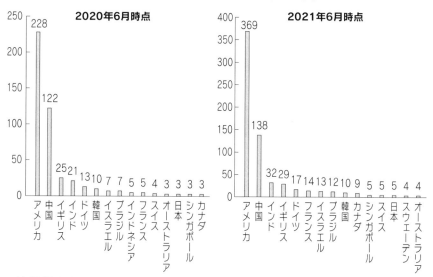

（出典）CBインサイツのデータより筆者作成

過去の二十数年間，特に十数年間，クラウド・AI に代表される IT 分野，EV に代表される自動車分野，太陽光発電・風力発電に代表される再生可能エネルギー分野において，世界規模でイノベーションが活発に起きています。これらの分野においてアメリカの GAFA，テスラ，中国のアリババ，テンセント，小米，CATL（EV 用バッテリー世界最大手），ENVISION，デンマークのヴェスタス（風力発電機）等が世界的に存在感を発揮し，経済，社会生活に大きな影響を与えてきました。しかし，このグローバルなイノベーションによる価値創造において日本企業の影響は薄く，グローバルな新興企業が極めてまれであり，ほぼない状況に近いです。こうした状況について異文化経営的な視点で論じることで，激しく変化しているグローバル経済においてどのように思考し，個人レベル，企業レベル（特に中小企業）でどう勝ち抜いていくべきか，多少でも参考になればと期待しています。

2. 日本はなぜ停滞したのか

　1990 年代～2010 年代に中国，ベトナム，マレーシア等アジア諸国の現場を実際見回って筆者が感じたのは，日本のような勤勉で熟練した労働者を有する企業が少なかったことです。また，成長が著しい中国でも地域や企業の規模によっては，ローカル企業や外資系企業による企業，特に製造業には，5S などに代表される日本企業の効率的な生産システムが確立されていないところが多く見られました。しかし，2010 年代中頃から中国企業の現場管理，技術開発が著しく進化し，技術革新が起きました。さらに，通信機，携帯電話の世界トップレベルの華為（ファーウェイ），ドローンの世界一の DJI（大彊），電気自動車バッテリー世界一の CATL に代表される新興メーカーは激しいイノベーションを起こし，あっという間に世界トップクラスの座を勝ち取りました。同時期，アメリカの創造的・破壊的な代表的イノベーション企業であるテスラは革新的な技術，ビジネスモデルに挑戦し，電気自

動車（EV）の「短距離」，「ガソリン車の補完的な位置づけ」といった既存概念を覆し，「長距離」，「速い」，を実現したうえでの自動運転，ソフトウエアの自動更新 OTA（Over The Air）等革新的な技術を打ち出しました。そして 2000 年初め，「アメリカで EV といえばリーフ（日産自動車）」というような市場を一気に変えました。電気自動車の運転の良さ，加速性，自動運転との相性等は消費者に歓迎され，最初の電気自動車モデル S を発売した 2012 年 6 月からわずか 9 年で，テスラは世界一番価値のある（時価総額の高い）自動車メーカーとなったのです。

　リチウムイオン電池を開発した日本は，なぜ世界的な電気自動車を作り出さなかったのか。車載用バッテリーでは十数年前までは世界トップだったパナソニックが，なぜ CATL に後れをとってしまったのか。1990 年代では世界トップクラスの通信機メーカーであった NEC や富士通は，なぜ華為との競争に負けたのか。この 30 年間，なぜ日本にはソニーやホンダのような革新的，創造的な企業（特に製造業）が出てこなかったのか。

　筆者は，日本の大手電機メーカーで 6 年間勤めた経験および 20 年間の企業経営の経験から，主に下記が原因ではないかと感じています。

① 　日本の産業構造が成熟，安定し，大企業間の競争が談合ほどではないにしろ，遠慮しながら行われている。

② 　日本の国全体の規制が緩和しつつあるとはいえ，総じて他の国に比べ規制が多い。

③ 　新興企業，ベンチャーに対し，社会全体に寛容さ，余裕さが欠けている。それはファイナンス面で特に厳しい。

④ 　大企業経営者はサラリーマン出身であり，社長在任は 2 期 4 年〜6 年が通常であることから，長期事業戦略とその実行に伴うリスクを取りにくい環境である。

⑤ 　新興企業が政府，取引先，金融機関，一般消費者等広い社会認知を得にくい。

⑥ 　強いアントレプレナーシップ，言い換えれば安定的に勤められる大企
　　業より起業するハングリー精神を持つ若者の人数割合がアメリカ，中国
　　と比べ絶対的に少ない。

　これらの外部要因・内部要因の影響により，過去の30年間，日本社会全
体，さらに世界的に影響を与える斬新的，革命的な企業レベルのイノベー
ションが少なく，世界的な範囲で知られる新興企業，特に以前の日本の強み
であったメーカーはほぼ出てきませんでした。
　これに伴い，世界の産業地図における日本企業の勢力は全般的に低下して
います（**図表R①-5**）。
　これらのデータが明らかにしたのは，この20年間に世界の産業地図にお
ける日本企業の勢力が全般的に低下していることです。

図表R①-5　日本製造業の勢力低下

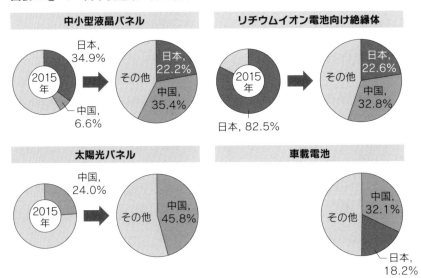

（出典）『日本経済新聞』2021年8月6日朝刊

日本の経済の再興には何が必要なのか。一人一人の行動，特に若者の行動および各々企業ができることとは何か。それを明確にすることでイノベーションを起こし，社会の変革，進化をもたらさなければならないのではないかと筆者は考えます。

3. 異文化を融合する経営発想を取り込み，チャレンジ精神を養成する

　勤勉で優秀な労働者が大勢いる日本の企業社会において，年功序列制が依然存在する中，個人が何を目指すかは若いうちに考えなければなりません。

　安定した職場で安定した給料をもらう大企業の組織でずっと働くか，将来的に経営者をめざし，一時的に企業で働きながら日々経営の視点で物事を見極めるなどして能力を向上させるか，それともチャレンジ精神を持って起業するか。それぞれの人生観が異なることは当然ですが，いずれの場合も異文化を理解し，それを融合する人生を営むことが重要です。しかし，どう異文化を理解し，さらにグローバルの経営感覚を身につけるかはそれぞれ認識の差があり，一概にはいえません。筆者は下記のプロセスが有益ではないかと考えます。

（1）グローバル的な視点で異文化を理解する

　人は自分の周りの同じような経歴の人と接しがちですが，グローバル的な視点で他の文化を理解することが重要です。なぜこの国の人はこう考えるか。なぜこの国の企業は経営状況をこのように判断しこのように意思決定を行ったのか。これは若い学生，社会人のみならず企業，大企業の経営においても重要です。

　1990年代，日本企業は世界的に強い競争力を持っていました。特に筆者が在籍していた大手通信機メーカーは，中国，東南アジアの通信市場の拡大

という波に乗って業績を拡大していました。1990年代中頃から中国のスタートアップ通信機メーカーである華為と度々大きな案件で競合するようになりました。当初は勝つことが多かったのですが，徐々に華為の勝つ案件も出てきました。この際，本来ならなぜ華為が勝ったのか，なぜ自社が負けたのか徹底的に分析し問題点を洗い出し，改善，克服していくことが重要ですが，当時のトップ役員は華為の通信機器の品質の低さという弱点を重要視し，異文化の要素が多く含まれた華為の経営的な強みを過小評価していました。その後，通信機分野で華為に負け続けるようになり，現在では5Gの通信分野で華為がトップを走っています。

　一方，日本にも異文化を理解し，経営に取り込む企業があります。楽天グループです。通販分野ではアマゾンがアメリカ，欧州，日本で勝ち続けていますが，楽天は1997年の楽天市場の創立以来，日本のEC市場を常にリードしてきました。2020年の国内EC流通金額ベースで楽天は1位のアマゾンに続き2位を占め，3位ヤフー以下を大きく引き離しています。2020年の楽天の流通総額は4兆4,000億円を超えました。

　2010年には社内公用語を英語とすることや社内にムスリム（イスラム教徒）向けのハラル料理を提供することなどを通して，異文化を理解する企業文化を育成しています。楽天のダイバーシティ化（多文化＝異文化の取り込み）は，楽天が成長し続け，世界70か国でビジネスを展開し，社員約8,000人の中，約2割は外国出身者が占めていることに大きく寄与したといえます。

（2）経営とは企業レベルだけではなく，個人レベルでも当てはまる

　異文化を理解する重要性は楽天のようなグローバル企業のみならず，個人レベルでも当てはまります。社会人になる前も，まずどのような会社に入るか自らアプローチ（就職活動）を行わなければなりません。そしてその就職先の会社で何かをめざすか，どういうキャリアを得たいかというマネジメン

図表 R ① -6　異文化を取り込む経営視点：競争能力要素の比較例

企業の経営視点に基づく比較例

自社優位性	国内競合他社	海外競合他社	自社人材蓄積	グローバル展開を見据えた現状
・独自の技術 ・コストの低さ ・営業力	・圧倒的な規模 ・ブランド力 ・市場開拓力	・斬新なデザイン ・ビジネスモデル ・イノベーションスピードの速さ	・社内組が中心 ・社内での異文化要素が少ない ・優秀な人材の採用難	・海外市場を開拓したい ・外国事情を理解できる人材不足 ・社内組織的な経験不足

個人の経営視点に基づく比較例

自分の強み	同窓同僚の強み	異文化人材	多文化多言語力	海外での仕事を見据えた現状
・勤勉，努力 ・細心さ ・柔軟性	・リーダーシップ ・行動力 ・チームワーク	・創造性発想 ・多言語力 ・リスクテイク	・不得意 ・多言語環境が少ない ・勉強意欲がある	・経験不足 ・対応力不安 ・経験したい

(出典)筆者作成

ト（経営）視点で考えなければなりません。企業経営において考えるべき要素と個人の人生プランにおいて考えるべき要素は，意外に共通点が多いのです（**図表 R ①-6**）。

　これらの企業レベル，個人レベルの現状把握，比較は，企業の経営目標達成，個人の人生プランの実現にとって非常に重要であると考えます。企業にとっては，海外展開を考えた際，どれくらい成功可能性があるのかを分析し，外国人を含む多様な人材を取り込むことで海外市場でもやっていけるように異文化を融合するべきでしょう。個人にとっても，日本で従来の働き方をただ続けるだけでは将来の人生保証が低下します。これは実際に海外で仕事を行うかどうかとは別にして，日本国内においても海外の優秀な企業や人

材との競争が今後増えていくことが予想されるためです。

（3）異文化を融合し競争力を高める

　このような経済グローバル化，人材が国境を越える流動化の流れの中，海外での事業展開を行うのみならず，国内でも異文化を融合する経営的な発想を養成し実践する必要があります。現在，日本の企業では多くの外国人を採用していますが，大企業，特に製造業では経営陣に外国籍の人材を取り入れた事例が依然として非常に少ないです。経営会議での議論，競争戦略の設計，競争戦略の実行は日本人同士の同質的な発想，経験のもと行われています。このことは世界の他の国，特にアメリカおよび中国，韓国，シンガポール等アジアの企業に大きく後れをとった原因ではないでしょうか。これは日本企業の閉鎖的経営発想，過去の30年間にイノベーションを起こし世界的な影響力を持つようになった製造業企業がほぼないことの一つの理由ともいえるでしょう。

　しかし，中には異文化を有する外国出身者を経営トップに据え置き，積極的・攻撃的な戦略でリスクを取って経営を進化させている企業もあります。ここで取り上げたいのは武田薬品工業（武田薬品）です（**図表Ｒ①-7**）。

　武田薬品のグローバル本社CEOを務めるクリストフ・ウェバー氏は，フランス出身でイギリス・ロンドンに本社を置くグローバル製薬会社グラクソ・スミスクラインに長年勤めた人物です。次期CEOとなることを見据え，2014年に初の外国人社長として武田薬品工業代表取締役社長COOに就任しました。2015年から代表取締役社長CEOを務め，2018～2019年には約6兆円規模のシャイアー買収を行うなどしました。

　武田の2020年度の連結業績は，売上高3兆1,978億円，営業利益5,092億円（507％増）です。シャイアー買収等が業績に大きく寄与し，日本の製薬企業として初めて世界トップ10に入りました。

　「われわれは日本ではかなう者がいないスケールになっている。こうした

図表 R ① -7　武田薬品工業の業績推移

（億円）

年度	売上	営業利益
2016	17,321	1,559
17	17,705	2,418
18	20,972	2,376
19	32,912	1,004
20	31,978	5,092
21（予想）	33,700	4,880

（出典）公開資料により筆者作成

変革は当社にとっても初めてだったが，そうしたことができるということを示せたのを大変誇りに思っている」。2019年5月に開かれた決算カンファレンスコールで，ウェバー氏はこう語りました。これは異文化の発想による戦略転換，グローバル的に戦える企業へ変身した事例です。今後，規模の拡大に伴い，事業リスクも増大するかもしれませんが，さらなる異文化を取り込む経営で日本企業が成長，成功していく可能性を示しています。

（4）若いうちにチャレンジ精神を養成する

　経営力を身につけるために勉強することは重要ですが，社会人として様々なことを経験し，経営できる人をめざす志が必要です。自分の人生，例えば職業や投資，また趣味においても目標を立ててそれに向けて努力する習慣の養成がよいでしょう。経営においても企業や事業組織の目標をどう設定するか，どう達成していくかをできるだけ早く明示した方がよいでしょう。

　現状の日本社会では，自らの目標を設定してチャレンジする雰囲気がアメリカ，中国，そして東南アジアの諸国と比べて欠けている印象があります。

日本企業，特に大企業において，自ら積極的な目標を設定し，それにチャレンジし達成しようとする社員がどれほどいるでしょうか。筆者が現場で感じたのは，圧倒的に受け身のパターンが多いということです。チャレンジ精神が乏しい現場になると，プレッシャーを経営トップからかけられ無理やり実行に移すことが多くなりますが，それではイノベーションを生めません。しかしチャレンジ精神は一日で養われるものではなく，若いうちに養成していく必要があります。日本の代表的な起業家であり，企業家である本田宗一郎氏，盛田昭夫氏，稲盛和夫氏は若いうちに新しいことへチャレンジし起業しました。今の世界に大きな影響を与えているアメリカ，中国の新興企業の創業者にも，若いうちに起業した人が多くいます。

なぜ若いうちにチャレンジ精神の養成が必要なのでしょうか。下記の点が挙げられます。

① 思考が活発であり新しいことに敏感である
② チャレンジして失敗しても挽回する時間と体力がある
③ 考え方，物事の運び方がまだ固定化されず柔軟さを有する
④ 学習能力が高く，失敗から学べるので次のチャレンジの成功する確率を高める

しかし，計画性や実行可否の検証，さらに失敗のリスクにどこまで耐えられ，次へつなげられるかなどをしっかり分析せず，チャレンジすることだけを目的とすると失敗の確率が高くなります。人生設計，会社戦略，新規投資等においてチャレンジしようとする時は，まず以下の点を検討し，評価する必要があります。

① チャレンジしようとする目標で何を達成したいか
② 実行する条件はどの程度で揃えられるか
③ 失敗した場合，どこまで自分あるいは会社にダメージをもたらすか
④ 個人や会社はそのダメージをリカバリすることが可能か，また，それ

にはどれくらいコスト，時間が必要か

これらの点を分析した上で，計画性を持って早いうちにチャレンジする準備とその精神の養成が重要です。それは成功の確率を高める要因の一つでもあります。

4. 失敗を恐れず起業家精神で新事業を創出する

事業計画，特に新規事業計画はいくら事前準備をしても失敗する可能性が大いにあります。失敗をする前提でそのリスクをヘッジし，事業を起こす方法もあります。

例えば，個人レベルでの株式投資，あるいは不動産購入において考えてみます。まず，株式投資をする際は，いくらを儲けるか期待を持って先行するのではなく，資金はどれくらい余裕があるか，そして，仮に損失が生じた場合生活がどこまで耐えられるかを考えるべきです。反対に，不動産購入においても，ローンの完済まで不安を持ち続けるのではなく，不動産購入時の自分の収入で負担でき，仮に何かチャレンジして失敗し通常の返済が難しくなる場合でも，売却か賃借に出して返済をカバーできるという発想転換があってよいのです。

企業経営においても新規事業を展開したいと検討する時，この新規事業はどれくらい成功する可能性があるか当然予測する必要があります。一方，失敗に対する分析も欠けてはいけません。この程度の投資の場合，万が一失敗したらこの程度のダメージでとどまるということを明示すべきです。これらのリスクに対する備えをしっかり認識し，準備しておくことで，失敗を恐れず新事業を創出することが可能になります。

日本の大企業は，ベンチャーを育成するため社内ベンチャー制度を作っています。様々な面で異なる点はありますが，起業した後，失敗したら本社の

社員に戻れる制度をとっている企業もあります。このような制度ではホンモノの起業家精神を育てにくいです。起業家自身が起業する際は，失敗のリスクを覚悟し，それを恐れずやっていくのが重要です。富士通株式会社（富士通）の社内制度は 1990 年代に作られ，20 数社のベンチャー企業を世に送り出しました。その特徴としては，起業する人が富士通を退職し原則社員に戻ることができないというものです。一方，起業者が株の過半数を保有し，独自経営判断で事業を進めることができます。20 数社の中，外国出身者が 3 社を起業しました。富士通にとっては，異文化の考え方を持つ起業家を許容するダイバーシティの試みでもありました。そのうち，数社のベンチャー企業が上場し，1995 年 3 月設立された株式会社パピレスは日本において電子書籍の先駆けの 1 社ともいえます。

　また，日本でも数多くの若者起業家がいます。ZOZO 創業者の前澤友作氏，Sun Asterisk の小林泰平氏のような起業家は若いうちに起業し，企業を成長させて社会に貢献しています。より革新的な技術，ビジネスモデル，スピードを持って世界範囲で影響力を発揮するネクスト世代の起業家の登場を筆者は期待します。

5. 未来に向けグローバル視点で困難や壁を乗り越える

　先端的な技術や産業基盤を持っている日本社会においては様々な問題や課題がある一方，新たなビジネスオポチュニティーが多く存在します。それぞれの課題は何らかの社会問題に直結しているか，それらをどう解決していくのか。個人として，企業として，どうこれらの課題に向き合い，問題を認知し，解決していくのかを考えなくてはなりません。

　日本経済の成長，社会問題はいくつかの分野に分けられますが，それらを解決，克服していく過程では多くのビジネスチャンスが生まれます。

(1) 少子化による労働力低減，地方の衰退

2021年10月30日に総務省が発表した2020年国勢調査では，生産年齢人口は7,508万人となり，少子化により5年前から226万人減りました。ピークだった1995年の8,716万人から13.9%減少しました。この労働人口減により企業の人材採用難，新規事業を創出するための人材不足，社会全体の人手不足等の問題が生じています。また，多くの地方都市は人口，特に若い人の人口が減少しています。一方，これらの問題解決においてはロボット技術，遠隔サービス，ドローン技術等幅広く新たなビジネスが生まれてきます。

(2) デジタルトランスフォーメーション（DX）の遅れ

ITの浸透は，企業活動，社会生活をあらゆる面でより良い方向に変化させるといわれていますが，日本は後れをとっています。数年前からすでに中国で普及しているデジタル決済，電子政府，無人倉庫，無人配送，無人タクシーのトライアル運営等は，日本ではまだ普及していないことが多くあります。政府，企業のハンコ文化は一つの大きな阻害要因となっています。

この問題を解決するため，既存のIT大企業がリーダーシップを発揮していかなければなりませんが，新興企業，ベンチャー企業の役割も非常に大きいです。従来の観念にとらわれず，新しい発想，新しい技術の取り組み，新しいビジネスの仕組みをもってチャレンジすることで，新事業を創出することができます。ECプラットフォームのCafe24，カナダのShopify，新興企業の楽問等，日本においても多くの外国のスタートアップ企業，または在日の外国出身者がIT企業を起こし，DXのあらゆる応用分野で活躍しています。

(3) エネルギー不足，脱炭素潮流，自動車産業の変革

原子力発電所が停止され，新規建設が困難な状況で，火力発電依存の日本はエネルギー不足の課題が深刻な状況にあります。また，世界的に脱炭素の

流れの中，火力発電を減らさなければならないというより困難な局面に直面しています。長期的に見てもエネルギー不足，エネルギー価格上昇の課題があります。また，日本の基幹産業ともいえる自動車産業は100年に一度の大きな変革期にあり，化石燃料自動車から電気自動車（EV）へ切り替わりつつあります。日本の自動車業界全体では，日産自動車が先駆けて純電動自動車リーフを売り出しましたが，その後テスラに代表される海外の後発EVメーカーにリードを許しました。

これらの課題はグリーンエネルギー，再生可能エネルギーをより拡大していくことで解決可能です。これらの再生可能エネルギー，グリーンエネルギー分野でも，日本は遅れていますが，技術革新，産業政策促進により新しい技術が生まれ，従来の技術や設備の進化，電力を基本とするサービスの仕組みの変革等のイノベーションが起こり得ます。この大きなエネルギー変革の流れの中，多くのニュービジネスが求められています。

また，自動車産業は脱化石燃料，EV化の流れが加速する中，EVに関連する，例えば自動運転，バッテリーのリユース，スマート化の無線充電，さらに車へのコンテンツ提供等の多くの新しいビジネスの可能性が秘められています。

これらの課題は日本に限らず，グローバルな視点で取り込んで個人，企業が対処するべきです（**図表 R ①-8**）。

これらの課題解決は個人レベルや企業レベルでそれぞれの視点がありますが，グローバルの視点で考えると共通性が大いにあります。中国のDX事例は日本でも通用します。Paypayはアリババのアリペイのノウハウを取り込んでいます。スマホでタクシー予約するのはUberやDiDiの仕組みを参考としています。また，日本企業での太陽光を始めとする再生可能エネルギーの経験やノウハウを，ベトナム，タイ，中東の国々で生かしています。筆者は中国，日本，ベトナム，台湾等再生可能エネルギーの現場を回り，経済のグローバル化の流れが加速している中，グローバルの共通課題も多くあると実

図表 R ① -8　ニュービジネスの発想で社会課題へ対処

経営に関わる 主要社会課題			対処方法 （個人，企業の構え）	ビジネス オポチュニティー
労働力低減，地方の衰退，消費減，人材不足	➡	個人	ロボット・AI 普及時期の職業選択	あらゆる分野で自動化の進化
		企業	人に依存しないビジネスモデルの構築	AI・ロボットを応用拡大，新規需要増
デジタル化（DX）の遅れ	➡	個人	IT や AI 関連知識の習得，選択肢の拡大	シェアリング拡大，知識技能効果の最大化
		企業	DX 導入による生産効率向上	知識・ノウハウ共有，効率向上とコスト低減
脱炭素，循環型社会の実現	➡	個人	生活方式，仕事スタイルの変化への対応	新しい材料，製品，サービスや消費方式が多く出現
		企業	脱炭素，SDGsへの対応	再生可能エネルギーを中心としたビジネスチャンス

（出典）筆者作成

感します。

　異文化の融合が加速するグローバル化の流れの中，日本国内の問題意識だけではありません。これらの問題解決をめざすことは日本にとどまらず他の国々でも可能であり，それを通じて個人や企業はより成長できるのです。

実務家レポート②
経済社会の変化と異文化におけるビジネス現場
——中国ビジネス体験記

1. 中国経済と筆者のビジネスキャリア

（1）改革開放政策初期の中国とビジネス

　1976年毛沢東主席が死去し，その後を継いだ華国鋒はそれまで文革路線を主導していた四人組を逮捕し，文化大革命を終わらせました。その後1978年に鄧小平が実権を握ると，4つの近代化（農業，工業，国防，科学技術）を掲げ，経済の改革開放を進めていきました。鄧小平は1978年の日本訪問と1979年の米国訪問を通じ，西側先進国の経済発展に触発され，海外の資本と技術を導入し，中国の工業の近代化を進める政策を打ち出します。このため，政府は日本の有力企業に対し中国企業への技術支援を要請し，製鉄所の建設や各種家電製品の生産のための技術支援が行われました。

　1982年頃から，中国は中央政府の輸出入企業の人員数名からなる買付けミッションを日本に派遣してくるようになっていました。当時中国では，華僑が資本を出した一部のホテルやレストラン以外は，ほとんどが国営企業であり，国家が指定した工業製品を各地の重点工場が生産している状況でした。中国は海外から工業製品の完成品を買付けるだけでなく，海外メーカーから製造プラントとその製造に必要な技術を導入していました。家電業界においては，日本の各メーカーからラジカセ・テレビ・洗濯機・冷蔵庫等の製造設備・技術の導入を図り，各メーカーは中国の技術提携先企業に何人もの技術者を派遣し，設備の据付・調整，生産指導を行いました。中国側は，プラント導入にあたり，常に最先端の設備を要求し，契約上，契約金額の

10％～20％が，生産開始後の良品の歩留り率をクリアする検収条件を付けていました。しかしながら，工場建屋は昔ながらのレンガ作りで，砂塵が多く，電圧も不安定であったため，設備が設計能力通り正常に稼働するまでには相当の日時を要しました。

1986年4月，私は初めての中国・北京への出張のため，成田空港で中国国際航空機に乗り込みました。日本のビジネス界では一種の中国ブームだったため，この巨大な国とビジネスができることに胸を膨らませていましたが，この時には，まさか自分が30年以上も中国に関わり辛酸を舐めることになろうとは思ってもいませんでした。中国への出張では，日本人にとっては様々な不便がありました。まず，中国国内の航空チケットや鉄道の切符の手配には，現地の旅行会社に数日前に申し込まなければならず，中国各地への訪問スケジュールを度々変更せざるを得ませんでした。また，海外への電話は勿論のこと中国国内の長距離電話でさえ，電話局にて申し込み，いつ繋がるかわからない電話をひたすら待つ必要がありました。

（2）中国駐在員としての経験

1986年9月，筆者は会社から広州事務所駐在を命じられました。広州での担当業務は，家電品，光学機器（カメラ・フイルム），印刷紙，化学繊維等の日本から中国への輸出と，靴・農産品（エビ・お茶・ゴマ等）の中国から日本への輸入がメインでした。広州事務所では，他の担当者が鉱物の輸出，各種機械の輸出，化学品の輸出等を行っていました。

外国企業の駐在事務所で働く中国人スタッフは，全て対外服務公司からの派遣社員でしたが，中国の一流大学を卒業し英語か日本語が達者な若くて優秀な職員でした。彼らは，日本本社からの指示に従い，積極的に業務を遂行していましたので，日本本社の担当者からも信頼を得ていました。

1980年代は広東省や福建省等の中国南東部が最も経済活動が活発でした。中国政府は，珠海・深圳・汕頭（スワトウ）・厦門（アモイ）を経済特別区に

指定し，税制上の優遇を行ったことから，近接する香港を拠点に，華僑や台湾資本が流入し，縫製や靴等の軽工業品から家電品の組み立て工場等が続々と設立されていきました。広東人は南国特有の陽気な性格の人が多く，政治には無関心ですが，金儲けには一生懸命であり，行動も素早く，いわゆる商人気質でした。

（3）政治変動とビジネス

1989年6月，北京で天安門事件が発生しました。政府高官による圧制と腐敗を糾弾する学生デモが中国各地で展開されたのに対し，中国政府が人民解放軍を動員し，天安門広場に集まっていたデモ隊を戦車と銃で制圧したものです。広州では，騒々しかった街は静まりかえり，銃を肩に背負った人民解放軍の隊列が街を練り歩いていました。事件後半年間は，日本からの出張者も途絶え商談もできず，会社からは遠出を差し控えるようにとの達しが出ていました。事件から半年経った頃から，事件前に契約し，船積みできずに日本で在庫となってしまった商品の引き取りや代金決済等の問題の処理がようやく動き出す程度でした。

1980年代の中国は，中国人と外国人との交流では，ビジネス上の付き合いは盛んに行われていましたが，個人的な付き合いが活発に行えるほど，対外的に中国社会が成熟してはいませんでした。中国の改革開放政策は，天安門事件の発生に伴い西側先進国による経済制裁を受けるとともに，国内では改革開放に懐疑的な保守派の力が強まったことから，一旦停滞することになりました。こうした中国経済の先行きが見通せない状況の中，筆者は1990年3月に日本に帰任しました。

その後1992年1月から，鄧小平は武漢・深圳・上海等を訪問し南巡講話を行い，中国は改革開放政策を堅持し社会主義市場経済を導入することを力説しました。中国政府はこの方針に基づき，様々な経済体制改革を実行していきました。従来の国営企業では，国の所有権を維持しながらも，企業に経営

の自主権を持たせ，所有権と経営権を分離し国有企業と改称しました。また，国有企業，集団所有企業，株式会社・有限会社，合弁企業，外資企業と様々な企業形態を容認し，それに伴う法整備も行われました。また，中国の土地は全て国有ですが，その土地の使用権を売買できるようにし，建築物の物権も売買が可能となりました。

さらに中国政府は，上海市の黄浦江の東岸の広大な農地を浦東新区として開発を行うことを決定しました。そこでは，関税・所得税の優遇や許認可されていない業種（主にサービス業）の設立等が認められたため，銀行・保険・商社等が続々と支店を開設しました。日本との貿易構造も単なる輸出入だけではなく，中国に設備と原材料を持ち込み，中国で加工を行った後，全量を再輸出する加工貿易が盛んに行われるようになりました。また，徐々にではありますが，中国の国内市場への販売を目的とした合弁工場が設立されていきました。

1990年代中頃から，北京・上海・広州等の大都市では，道路の拡張・高架化，地下鉄の開通，新空港の開設等の再開発事業が市内の至るところで行われていました。海外との通信環境は徐々に整備され，PCや携帯電話も普及し始めていた段階でしたので，業務面での支障はだいぶ軽減されました。

(4) 合弁子会社の経営者として

1996年3月，筆者は上海市浦東新区に設立された家電品製造販売の合弁会社に出向しました。1992年に中国国有企業との合弁にて設立された空調機・冷蔵庫・洗濯機・電子レンジ等の白物家電を製造販売する従業員2,000人規模の工場でした。

会社を設立するにあたっては，浦東新区開発後の初期の大型投資ということもあり，上海市政府関係部局から許認可や土地選定等に関し協力が得られ，比較的スムーズに登記・設立が行われました。また，生産開始後も競合相手が少なかったこともあり，会社業績も大変好調でした。しかしながら，

生産開始から5〜6年も経つと，各地方において，郷鎮企業（農村集団経済企業）が急速に力を付けてきて，市場競争が激化していきました。日本メーカーは，ブランドイメージの維持が至上命令であるため，品質を落とすことは許されず，価格的に非常に苦しい戦いを強いられるようになりました。

　中外合弁企業であることから，会社を経営するにあたっては，日本人幹部と中国人幹部との意思疎通が必要不可欠でした。中国人幹部は会社業績を向上させることにひたむきで，販売量を拡大させるための販促策を次々に打ち出すことを提案してきました。一方，日本人幹部は品質の保持と売掛債権の確実な回収を重視し，生産・販売の急拡大には慎重であったため，しばしば意見の食い違いが生じました。そのため，週1回幹部会を開催し部門間の意思疎通を図るとともに，毎日案件ごとに関連幹部を集め，夜遅くまで討議を行い，会社としての意思統一を図っていました。また，工会（労働組合）幹部とも月1回食事をともにしながら，社員の要望事項を聴取し，職場環境や福利厚生の改善等を行うようにしていました。

　中国人社員の間では，上意下達が比較的徹底しており，幹部の指示は良く守られていました。ただ，我々会社幹部には，社員から他の社員の不正行為に関する無記名の密告状が頻繁に寄せられてきていました。また，ある日，会社が生産したエアコンが原因とされる火事が発生しました。会社が派遣した技術者の見分では，エアコンの周りは燃えた形跡はほとんど見られなかったというものでしたが，その後，その家屋の主人の代理人である弁護士から会社に対し，法外な損害賠償請求が届きました。会社としては，出火原因の究明が為されないまま損害賠償金を支払うことはできないとしていましたが，裁判となり，損害賠償金を支払うことを命ずるという判決になりました。会社は高等裁判所に控訴しましたが，審理も行われずに棄却されました。さらに，裁判不服申立所に申し立て再審を要求しましたが返答はなく，原告側が裁判所を通じ会社の銀行口座を差し押さえたため，やむを得ず判決に基づき損害賠償金を支払いました。

2000 年 3 月，筆者は日本に帰任しました。

（5）中国経済グローバル化の開始と現場ビジネスの実態

2001 年 12 月，中国は WTO に加盟しました。諸外国の中国への投資は急激な伸びを見せ，日本の多くの製造業も中国に製造拠点を設置し，中国は「世界の工場」と呼ばれるようになりました。

中国政府は，WTO 加盟以前にも，製造業についてはかなり幅広く外資の参入を認めていましたが，サービス業については，国内産業を保護するため，業種・地域・出資比率等に制限を設けていました。WTO の加盟に伴い，徐々にではありますが，小売・物流等のサービス業についても，外資の参入規制を緩和する方向に動いていきました。

また，人々の生活の向上も目覚ましく，一般庶民の間でも携帯電話は通信・連絡のための必需品となり，自家用車を所持する人も増えてきていました。一方，不動産の値上がりが激しく，人々は争ってマンションを購入し，不動産成金になる人が出てきていました。

2003 年初頭からは，中国ではコロナウイルス SARS が流行し，世界的に問題となっていましたが，筆者は同年 6 月，中国国有企業との合弁にて天津に設立した食品・日用品の物流・販売会社に出向しました。

この合弁会社は，日本の会社幹部が天津市を訪問した際に，市政府高官から，スーパーやコンビニ等の小売店へ効率的な配送を行うため，先進的な物流会社の設立を支援して欲しいとの要望を受けて，商談が始まったものです。天津市政府が指定した中国側合弁パートナーは，天津市第二商業局が会社組織に変更された国有企業でした。合弁会社設立のために合弁契約書の諸条件を交渉しましたが，中国側パートナーは官僚的で概念的な発言が多く，一抹の不安を覚えました。最終的には，中国側が経営責任を担うことを定めて合弁契約書を締結しました。出資比率は，中国側 60％で土地の現物出資，日本側 40％で米ドルでの出資でした。2003 年 6 月に合弁会社の設立登記がな

され，筆者がこの合弁会社に出向しました。

　会社設立後，すぐに日中双方で意見の食い違いが生じました。日本側は，既存の倉庫を借りて貨物を確保し業務を始めることを主張しましたが，中国側は，天津市政府が要望した先進的な倉庫を建設することを主張しました。日本側は致し方なく譲歩し，倉庫を建設することになりました。一方，中国側が合弁契約書上で約束していた配送貨物の確保については，天津市商業委員会傘下の国有企業を回って商談を行いましたが，各社は配送を自社で行っているため，合弁会社に配送を委託してくれるところはありませんでした。中国側パートナーから合弁会社に派遣されていた共産党書記と総経理（会社トップ）は，全く実務には関わらず，来客との雑談にふける有様でした。倉庫の建設会社を決めるにあたっては公的機関による入札が行われましたが，中国側パートナーが日頃から親しくしていた建設会社が，合弁会社が提出していた見積りと一致した金額で落札しました。倉庫の建設は着々と進行していきましたが，配送業務の受託は全く確保できず，2003年末には資本金口座の資金がほとんど底をついてしまいました。2004年に入り，合弁会社を清算するか，増資するかの討議が行われました。中国側パートナーは，新たな資金を追加出資する余裕はないとしながらも，合弁会社を清算することには同意をせず，結局，日本側単独での増資となり，日本側出資比率60％，中国側出資比率40％となりました。こうして，日本人出向者が総経理に就任し，日本側主導で経営を行うことになりました。まず，中国側パートナー企業出身者で実務能力がない管理職は，引き取ってもらいました。

　2004年4月には巨大な倉庫は完成しましたが，検査で様々な不具合を指摘され，6月になってようやく倉庫の使用が許可されました。業務面では，配送業務の受託先探しに関しては，中国全土で商品を販売している外資系企業や大手民間企業に売り込みを図り，徐々に受託する件数が増加していきました。並行して，社内の会計・人事・物流システムも，中国の民間企業に委託し，業務実態に合わせて開発してもらいました。

業務を拡大推進していくにあたっては，小売店の商品代金支払遅延やメーカーによる商品の押込み強要，在庫商品の盗難，従業員による商品代金の持ち逃げ，従業員の喧嘩等日常的に様々な問題が発生しましたが，2007年度には何とか単年度黒字に持っていくことができました。

　2007年6月に労働者の保護に重点を置いた『労働契約法』が制定されると，中国各地で労働争議が頻発していました。同年12月，社内事務所内で若い女性社員が怪我をしてしまいました。数日後，女性社員の叔父と称する男が会社を訪れ，数々の脅しを交えて法外な慰謝料を要求してきました。こちらが「中国の法律に基づき，労働災害として扱い，法規に基づき補償する」と繰り返しても納得せず，毎週1〜2回は数人で会社を訪れ，大声で叫び回り，ドアや机を蹴って業務の邪魔をするようになりました。脅迫事件として何度も公安局に相談しましたが，ほとんど相手にされませんでした。

　このような状況が約半年ほど続いた後，彼らも割に合わないと思ったものか，話し合いたいとの申し出がありました。当方は，当該社員の親族が身分証を持参して参加すること，当方の弁護士が参席することを条件として話し合いを持ち，労働災害に基づく補償と後遺症が残ったことに対する慰謝料として一定の金額を支払うことを書面に残し，本件はようやく解決しました。

　2009年1月，筆者は日本に帰任しました。

（6）現在の中国ビジネスと難しさ

　2010年，中国はGDPで日本を追い越し，世界第2位の経済大国となりました。2012年，習近平が共産党総書記に就任すると，腐敗した党員・軍人・官僚を次々と摘発・逮捕し，国民の支持を得るとともに，政敵を潰し，権力を確立していきました。

　2014年4月，筆者は上海に1994年に国有企業との合弁によって設立された食品・日用品の卸売会社に出向しました。合弁会社へ出向するにあたり，会社上層部からは，「中国側合弁パートナーと協議し，合弁会社を解散する

ことで基本的に合意しているので，できるだけ早期に事業の整理を進めるように」と命じられていました。合弁会社自体は，会社設立以来20年を経過しており，一応黒字経営でしたが，出資者からすれば，投資回収率が低く，事業が大きく発展する見通しも立たないというのが，合弁会社を解散する理由でした。合弁会社には，約350名の社員が在籍し，100社以上の取引先がありました。合弁会社に出向し約1か月間は，会社の実態把握に努めるとともに，中国側合弁パートナーからの出向者である副総経理と人事部長とともに，いかに会社を整理していくかを協議しました。

5月下旬，中堅幹部を集め，事業を整理縮小することを説明しました。その後，商品仕入先メーカーや物流受託先と販売先である小売店や料飲店を回り，事業の縮小を説明して回りました。一方で，労働問題コンサルタントと契約を結び，従業員を解雇するにあたっての注意事項やスケジュールを討議し，労働仲裁委員会や公安局等の行政機関へ事前説明を行い，従業員への経済補償の内容等を打合せ，整理解雇への準備を進めました。

10月には，従業員に対し，労働契約法に基づく経済補償金（月平均給与×勤続年数）を支払うことを条件に希望退職を募りました。その後12月には，従業員代表大会を開催し，会社の状況と今後の事業整理について詳細に説明した上で，会社の都合により従業員を解雇するにあたっては，労働契約法に規定された条件の約1.5倍の経済補償金を支払う案を提示し，事業の縮小に伴い，順次，整理解雇を行うことに同意を得ることができました。

取引の整理縮小に関しては，商品仕入先や配送業務受託先からは，後任の卸売商や配送委託先を見つけ，取引が中断することなくスムーズに引き継ぎがなされるまで取引を継続することを要求されていました。取引を終了するにあたり，経済的補償問題を惹起しないように，丁寧に他業者へ業務を移管し，1年半後の2015年末までには，全ての取引を終了することができました。一方で，販売先の小売店からは，取引を終了することを理由に，商品代金の支払いを停止されていました。何度交渉しても代金回収の目途が立たな

い取引先に対しては弁護士を起用し，『支払督促状』を出状し，それでも支払ってこない 10 数社に対しては，裁判所に起訴しました。裁判では全て勝訴し，1 年後の 2016 年末までに全ての売掛債権を回収することができました。

　2016 年末時点では，数人の中核社員を除いて，ほぼ全ての社員の解雇が終了していました。ただし，この間，倉庫作業員によるストライキが発生したり，整理解雇の対象となった社員の一部には，経済補償金の額に納得しない者もいましたが，様々な説得や懐柔を経て，公安事件になるほどの問題は発生しなかったことは幸いでした。

　2017 年，事業の終了と債権回収が完了した後，合弁会社を清算するため，会社資産（土地・建物・設備・車両等）の鑑定評価を進めていました。こうした時，市政府傘下の再開発会社から，合弁会社の敷地が再開発地区に含まれるため，早急に立ち退くように要請があり，立退き費用として，相当額の補償金が提示されました。その立退き補償金額は，鑑定された資産評価額を上回っていたため，日本側は，補償金を受け取った上で，会社を清算することを主張しました。一方，中国側合弁パートナーは，提示された補償金額は交渉の余地があること，ならびに補償金を受領した後会社を清算した場合，所得税 25% を納税する必要があることを理由に，さらなる補償金額の上乗せ交渉を行うことや合弁会社の登記を存続させることを主張しました。日中双方の出資者が交渉した結果，開発会社が提示した補償金額を固定資産評価額として，合弁会社の純資産を計算し，中国側合弁パートナーが日本側出資持分を買い取ることで合意しました。持分譲渡に関わる董事会（取締役会）決議書，資産鑑定書，持分譲渡契約書，新会社定款等の様々な必要書類を準備し，持分譲渡申請を行い認可された後，譲渡金が日本に送金されました。

　2018 年 1 月末，筆者は東京に帰任しました。

図表 R ② -1　中国の主な出来事および筆者のビジネスキャリア

年	中国社会の主な出来事 〈筆者〉筆者の中国ビジネスキャリア
1976 年	毛沢東死去。文化大革命が終わる
1978 年	鄧小平のもと，近代化策が掲げられ経済の改革開放が進む
1979 年	海外の資本と技術を導入し工業の近代化を進める政策を打ち出し，日本からも建設支援や技術支援が行われる
1982 年	中央政府より人員を日本に派遣し大規模な買付けを行う
1980 年代	珠海・深圳・汕頭・厦門が経済特別区に指定され，広東省や福建省等中国南東部の経済活動が活発化
1986 年	〈筆者〉4 月　最初の中国出張。 　　　　9 月　広州事務所駐在。輸出入の業務に携わる
1989 年	天安門事件発生。その後西側先進国による経済制裁と国内での保守派台頭により改革開放は停滞 〈筆者〉事件後，日本からの出張者は途絶え商談も不可能に。約半年を経て徐々に再開
1990 年	〈筆者〉3 月　帰国
1992 年	鄧小平により改革開放政策の堅持および社会主義市場経済導入へ
1996 年	〈筆者〉3 月　家電品製造販売の合弁会社（上海市）へ出向
2000 年	〈筆者〉3 月　帰国
2001 年	中国がWTO に加盟。諸外国の中国への投資増加，「世界の工場」と呼ばれるようになる
2003 年	SARS の流行 〈筆者〉6 月　食品・日用品の物流・販売の合弁会社（天津市）へ出向
2007 年	労働者の保護に重点を置いた『労働契約法』が制定。各地で労働争議が頻発
2009 年	〈筆者〉1 月　帰国
2010 年	日本を抜き GDP 世界第 2 位に
2012 年	習近平が共産党総書記に就任
2014 年	〈筆者〉4 月　食品・日用品の卸売の合弁会社へ出向
2018 年	〈筆者〉1 月　帰国

2. 異文化ビジネスの留意点
──30年の中国ビジネスを経験して

　筆者は，結果として30年以上中国ビジネスに関わってきたことになりますが，その中で中国の文化の特徴と異文化におけるビジネスにおいて留意が必要と考える点は，以下の通りです。

(1) 中国社会の主な特徴
① 政治

　中国は共産党一党独裁の国であり，社会主義制度の国です。中国共産党が最重視していることは，共産党政権の維持継続です。そのために社会の安定に注意を払い，国民の行動と動向を監視するため，道路や建物の至るところに監視カメラを設置し，インターネットを検閲しています。中国で生活する者は，共産党や政府を批判することは，厳に慎まなければなりません。

　習近平総書記のスローガンは，『中華民族の偉大なる復興，中国の夢』です。1840年のアヘン戦争から1945年の日中戦争終了までの，欧米諸国や日本から半植民地化された屈辱の歴史から，あらゆる面で復興発展し，世界の大国として振る舞うことを宣言したものです。特に人民解放軍の近代化と先端技術の導入・開発・確立に，国家として重点的に取り組んでいます。

② 国民性

　中国の国民は，学校教育と政府の宣伝工作により，中国が歩んできた屈辱の歴史とそれを乗り越えて，今や世界第2位の経済大国になったことを誇りに思っています。現在は中華民族主義が高揚している時代です。中国人は，長い歴史の中で民主主義を経験したことがなく，基本的人権の尊重や思想・信条・宗教・言論の自由を享受したこともありません。中国共産党が進めるデジタル社会は，生活の利便性の向上や犯罪の減少による社会の安定に役

立っており，一般庶民は，政府による監視社会に対し，嫌悪感を抱いているとは言い難いと思います。中国人と国際情勢に関して話が及んでも，政府がメディアを統制していて情報が偏っていることや価値観が違うため，意見が噛み合うことはほとんどありません。政治の話題は避けた方が無難です。

③　行政

中国では，行政機関の権限が強く，許認可事項が多くあります。また，国の方針や施策によっては，法令が恣意的に適用されることがあります。このため，事業経営や商行為を行う場合，基本的な法令は押さえておく必要があります（『外商投資法』，『不正競争防止法』，『商業賄賂行為禁止法』，『労働法』，『労働契約法』など）。また，問題が発生した場合，専門家（弁護士，コンサルタント等）に相談し，早期に解決を図ることが重要です。

これらの法律については，JETRO のホームページ等に日本語訳や注意点が載っているので，基本知識として知っておく必要があります。

④　社会構造

中国の大都会は，高層ビルが立ち並び，ショッピング街では高級ブランド店を多く見かけ，道路には高級車が走っています。しかしながら，飲食などのサービス業や労働集約型企業，建設現場で働く労働者は，ほとんどが地方から出てきた出稼ぎ労働者です。大都会に戸籍がある住民と地方から出てきた出稼ぎ労働者との間の生活・経済格差は想像もできないほど大きいものがあります。不用意な発言や感情に任せた行動は，身に危険が及ぶこともあるので，慎まなければなりません。

（2）異文化の労務管理の留意点

①　国民性

中国人は，権利意識が非常に強い人々です。不平不満が溜まると，何らか

の不法行為を行ったり，ストライキを起こしたり，会社を訴えたりします。日頃より，従業員とは意思疎通を怠らず，従業員が不満に感じる事象を改善する等，会社幹部が従業員を大事にしている姿勢を見せることが重要です。なお，従業員に対して，解雇や降格・減給等を行うと，地域の労働仲裁委員会に訴えられることが多々ありますが，躊躇することなく粛々と対処するしかないと考えます。また，中国の為政者の最大の関心は，社会の安定を保つことにあるため，公安を含め政府の諸機関は，企業に対して，従業員を納得させるための妥協を求めることが多いのが実情です。

②　人事

　一般的に，中国人は日本人より独立志向が強いと思います。日本では，長らく終身雇用制度が根付いてきたため，長期的視点から，会社から認められるように努力を積み重ねる傾向が強いですが，中国においては，会社は生活の糧を得る場所，あるいはスキルを身につける場所として認識しており，わだかまりなく転職します。現地の人材を育てたいと考えるのであれば，会社の中核に育てたい社員や能力がある者に対しては，日本式の人事制度にとらわれず，それなりの職位と給与を与える必要があります。また，一般社員については，ある程度，信賞必罰的制度を取り入れることで，やる気を出させ，規則を守らせることにつながります。

　中国人は，ほぼ全ての人が，自分の過失を認めませんし，謝りません。自分の過失や責任を認めた場合，いかなる処罰も受けざるを得ない長い歴史があったためと思われます。問題が発生した場合，その担当者から事情を聴取すると，問題が発生した理由を延々と説明しますが，そのほとんどは，自分の過失を認めるものではなく，他者に責任を押し付ける内容のものです。一人から事情を聴取するだけでなく，関係する他部門の人達からも事情を聴取し判断しないと，本当の原因や問題は見えてきません。

　日系企業の中には，日本人総経理が日本語を話せる身近な中国人社員を信

頼し，その社員の意見が偏重されたことにより，人事の偏りや会社組織の歪みが生じ，不祥事が発生したケースが散見されました。日頃より，幅広く社員の意見に耳を傾け，公正に判断する姿勢を保つことが重要です。

　会社の業務チェック体制に不備や隙があれば，必ずといっていいほど不正が発生します。在庫管理，売掛債権管理，受発注管理，出入金管理等は日頃より注意し定期的に確認すべきです。また，会計事務所による会計監査とは別に，1年に1回程度は日本本社から人を派遣してもらい業務監査を実施することが，不正の防止や早期発見の観点から，また損失をミニマイズするためにも必要なことと考えます。実際に，社員が社外の業者等と組んで，在庫商品の横流し，未回収債権の放置，過剰な受発注，越権取引等により，会社に大きな損失が生じていました。

(3) 異文化の業務（報告・連絡・相談）の留意点
① 国民性
　中国社会は，上意下達社会です。権限は会社トップ（董事長，総経理）に集中していることが多く，会社トップが即断即決する社会です。

　一般社員は上位者の命令には比較的従順に従います。社員は，書面を書いて報告することはほとんどなく，口頭による直属上位者への報告が全てです。このため，会社の様々な課題や問題は，定期的に幹部会等を開催し，幹部間で共有する必要があります。また，書面での報告が必要な業務については，フォームを準備し，書くべき内容を明示しておかないと，散文的な報告書が上がってくる恐れがあります。

② 社会構造
　日本では，基本的には信義誠実の原則を尊重している社会ですが，中国では，強い者が弱い者を潰す弱肉強食の社会です。正論を述べても問題は解決しないことが多々あります。影響力を持っている関係者を探して対応しても

らう等，ある程度柔軟性を持って対応しなければ，解決が難しいこともあります。また，中国では，裁判費用は比較的安く，短期間で判決が出るので，問題が解決しない場合には，裁判に訴えることも考慮すべきです。

(4) 異文化の国の日本本社との関係の留意点

① 国民性

日本の社会慣習と中国の社会慣習や社会制度には大きな違いがあります。日本人の中国駐在員の間では，日本にいる社員に対して「お前が来てやってみろ」という不満が溜まっていることが多いものです。日本の会社では，些細なことであっても，連絡・報告・相談することを求められますが，社会の常識が違うために，日本にいる社員が現地の状況を的確に理解することが難しいことも多々あります。

例えば，日本の会社は，計画を立てて，それに合わせて事業を進めようとし，計画通りにいかない場合は，その原因を分析し改善修正を図ります。一方，中国においては，行政機関や取引先が理由を説明することなく，あるいは前言をひるがえして，許認可を与えなかったり，約束を破ったりします。このような場合，日本の本社から理由を聞かれても納得できるような説明を行うことが難しいものです。事業の計画を立てることは重要なことですが，臨機応変に対応することが求められます。また，日本の本社も現地に対し，一定の権限を与えておくことが必要と考えます。

② 社会構造

日本企業では，コンプライアンスを非常に重視します。現地企業で問題が発生した場合，直ちに報告すること，問題の原因を究明し，再発防止策を立てて実行することが要求されます。しかしながら，中国社会は，融通無碍の社会です。また，労働集約型の産業で働く多くの人々が，地方からの出稼ぎ労働者です。喧嘩，盗難，交通事故等は日常茶飯事です。常識が違う社会で

は，些細なことを都度，日本の本社に報告相談しても理解されないことが多く，大変な時間と労力を使うことになります。重要なことや重大な問題は日本本社に迅速に報告することが大事ですが，些細な事柄は現地の実情に合わせた対策をとり，現地にて解決を目指した方が実行性が高いことも多々あります。

3. おわりに

　中国での生活は，日本では味わうことができない驚天動地のことに数多く直面しましたが，中国社会の急激な変化と人々の躍動感溢れる行動に触発され，ワクワクするような楽しさを感じることができました。

　また，会社の経営執行責任者として，日々決断し手を打っていかなければならない重圧とともに，常に社員のことに思いやる気持ちを持てたことは，大変に貴重な体験でした。

索 引

執筆者紹介（執筆章順）

— 第1・2章 —
上田和勇（専修大学名誉教授，日本リスクマネジメント学会理事長，商学博士（早稲田大学））

早稲田大学商学部卒業，早稲田大学大学院商学研究科修士課程・博士課程修了。1974～76年安田火災海上保険勤務後，専修大学助手，同大学助教授，同大学教授を経て2021年3月より現在に至る。専門はリスクマネジメント論，保険論，レジリエンス，幸福経営の研究。

— 第3章 —
小林守（専修大学商学部教授，同大学院商学研究科長）

一橋大学社会学部卒業，国際大学大学院修士課程修了（MBA），早稲田大学大学院商学研究科博士課程単位取得退学。海外経済協力基金（現・国際協力機構），三菱総合研究所（香港首席駐在員，アジア研究室長等を歴任）にて海外インフラプロジェクト，調査・コンサルティングを多数経験。専門は国際経営，プロジェクトマネジメント。

— 第4章 —
田畠真弓（専修大学商学部教授，博士（社会学，国立台湾大学））

2007年国立台湾大学大学院社会学研究所博士後期課程修了。台湾中央研究院社会学研究所ポストドクター研究員，台湾国立東華大学社会学系（学部）副教授（准教授），台湾国立台北大学社会学系（学部）副教授（准教授）を経て2019年3月より現職に至る。専門は多国籍企業論，経済社会学，グローバル生産ネットワーク，東アジア資本主義等。

― 第5章 ―

池部亮（専修大学商学部教授，博士（経済学，福井県立大学））

明治学院大学国際学部卒業，青山学院大学大学院国際政治経済学研究科修士課程修了。日本貿易振興会（現：日本貿易振興機構（ジェトロ）），ジェトロ・ハノイ事務所，ジェトロ広州事務所副所長，ジェトロ海外調査部アジア大洋州課長，福井県立大学地域経済研究所准教授，専修大学商学部准教授を経て2021年4月より現職。専門はアジアにおけるサプライチェーン，国際関係論。

― 実務家レポート① ―

佐井強（アジアインフォネット株式会社社長）

武漢理工人学（電気工学専攻）卒業，一橋大学大学院商学研究科修士修了（経営学専攻），日米経営科学研究所（JAIMS：米国）インターナショナルマネジメントプログラム修了。中国運輸省（交通部）武漢長江運輸管理局技術担当，中国広州万宝電器集団公司技術・工場長。富士通株式会社通信海外事業本部海外投資・拠点管理を経て，株式会社アジアインフォネット・コミュニケーションズ（富士通ベンチャー企業）を設立し，2001年より現職。日本企業中心に中国ビジネス情報サービス・コンサルティングを十数年経験。現在再生可能エネルギー事業を重点としながら，スマート家電事業も展開中。

― 実務家レポート② ―

伊藤正二郎（元三菱商事株式会社社員）

一橋大学法学部卒業，三菱商事株式会社にて38年間勤務。家電並びに食品部門にて，主に中国ビジネスに携わる。台北，広州，上海，天津等にて，累計20年以上を中国人社会で生活する。

— Topics 1 —

新妻東一（Sanshin Vietnam JSC　ジェネラルマネージャー）

東京外国語大学ベトナム語専攻卒業。三進交易株式会社（主にベトナム繊維開発輸入を担当），同社旅行事業部責任者，同社駐在所長としてベトナムに赴任，同社旅行事業部門を独立させ東京とハノイに旅行会社を設立し現職に至る。旅行業・取材コーディネート号に加え，2020年コロナ禍中でダラット産有機野菜の宅配サービス「Farm to Kitchen」を新たな事業として開始。

— Topics 2・第 3 章 COLUMN2 —

小林慧（総合旅行業務取扱管理者）

創価大学法学部卒業。これまで台湾や香港の他，チベット自治区や新疆ウイグル自治区など中国本土各地，韓国，マレーシアやベトナム，カンボジア，タイなど ASEAN 各国を訪問。特に国立台湾大学への交換留学（1 年間），2 度にわたる香港大学への短期留学の経験から，中華圏のインフラやビジネス，観光に関心を持ち，北京語や広東語を活かして，専門書へのアジア関係のコラム執筆や大学研究者の現地調査のサポート等を行っている。

— Topics 3 —

鈴木博（カンボジア総合研究所　CEO／チーフエコノミスト）

東京大学経済学部卒業。海外経済協力基金（OECF），国際協力銀行（JBIC），国際協力機構（JICA）で，政府開発援助（ODA）の円借款業務に携わる。調達課長，フィリピン担当課長，ハノイ首席駐在員，評価室長，国際審査部シニアエコノミスト等。2007 年からカンボジア経済財政省上席顧問エコノミスト。2010 年カンボジア総合研究所を設立して現職。カンボジアに関する経済調査，情報発信等を行う。2009 年カンボジア政府よりサハメトレイ勲章を受章。

2022 年 5 月 10 日　　初版発行　　　　　　　　略称：異文化経営

わかりあえる経営力＝異文化マネジメントを学ぶ

編著者　　上田和勇
　　　　　　小林　守
　　Ⓒ　　田畠真弓
　　　　　　池部　亮

発行者　　中　島　治　久

発行所　同 文 舘 出 版 株 式 会 社
東京都千代田区神田神保町 1-41　　〒 101-0051
営業（03）3294-1801　　編集（03）3294-1803
振替 00100-8-42935　　http://www.dobunkan.co.jp

Printed in Japan 2022　　　　　　　　DTP：マーリンクレイン
印刷・製本：萩原印刷

ISBN978-4-495-39064-8